Fête et droit public

BIBLIOTHÈQUES DE DROIT

COLLECTION FONDÉE ET DIRIGÉE PAR JEAN-PAUL CÉRÉ

Cette collection a pour vocation d'assurer la diffusion d'ouvrages scientifiques sur des thèmes d'actualité ou sur des sujets peu explorés dans le domaine des sciences juridiques. Elle se destine notamment à la publication de travaux de jeunes chercheurs.

Dernières parutions

J. GOURDOU, O. LECUCQ et J.Y MADEC (dir.), Le principe du contradictoire dans le procès administratif

V. DA SILVA, Réussir son cas pratique en droit de la famille

D. CONNIL et J. DUVIGNAU (dir.), Droit public et cinéma

H. ALCARAZ et O. LECUCQ (dir.), Collectivités territoriales et intégration des étrangers

C. MENABE, La criminalité féminine

M. TESSIER, Les procédures de la criminalité organisée devant la cour de cassation

N. NOTTO-JAFFEUX, Le conflit d'intérêt chez les avocats

A. GERMON, Le rôle d'initiative des administrations dans l'action publique

O. LECUCQ (dir.), Etat, collectivités territoriales et droits sociaux

A. AMALFITANO, La responsabilité pénale des personnes morales en Europe

N. LORY, La saisie pénale des biens incorporels

M. PERRIN, Le statut pénal de l'animal

A. TATARINOFF, Génocide et crimes de masse (1933-1946)

P. ROUSSEAU, Autonomie personnelle et droit pénal

BIBLIOTHÈQUE DE *DROIT PUBLIC*

Sous la direction de
Adrien AZARETE, Elie GUERRERO
et Thomas MORETTO

Fête et droit public

L'Harmattan

5-7, rue de l'École-Polytechnique, 75005 Paris
www. harmattan.com
diffusion.harmattan@wanadoo.fr
ISBN : 978-2-343-11018-9
EAN : 9782343110189

Le présent ouvrage est tiré de la journée d'étude organisée le 13 février 2015 à l'Université de Pau et des Pays de l'Adour (UPPA)[74]. Les contributeurs, dont les interventions sont ici reprises, tiennent à remercier celles et ceux grâce à qui cette journée a pu être organisée, en particulier :

- L'Université de Pau et des Pays de l'Adour ;
- Le laboratoire Pau Droit Public ;
- L'Institut d'Etudes Ibériques et Ibérico-Américaines (IE2IA) ;
- L'Association des Publicistes Palois (A2P) ;
- Le Conseil départemental des Pyrénées Atlantiques ;
- La Communauté d'Agglomération Pau-Pyrénées ;
- M. Serge Rey, Professeur d'économie à l'UPPA, Doyen de la Faculté de Droit d'Economie et de Gestion, pour son assistance matérielle ;
- M. Olivier Lecucq, Professeur de droit public à l'UPPA, Directeur de l'IE2IA, pour avoir accepté de présider la première partie de la journée d'étude ;
- M. Antoine Bourrel, Maître de conférences en droit public à l'UPPA, pour avoir accepté de présider la seconde partie de la journée d'étude ;
- M. Jean Gourdou, Professeur de droit public à l'UPPA, Directeur de Pau Droit Public, pour son mémorable rapport de synthèse ;
- Mme Isabelle Montin de Pau Droit Public, pour son aide toujours précieuse ;

---

[74] L'ensemble de la journée est disponible en format vidéo à l'adresse suivante : http://campustv.univ-pau.fr/?p=1171

- Mme Aurélie Launay de Pau Droit Public et M. Dimitri Löhrer, Maître de conférences en droit public à l'UPPA, pour leur concours à l'élaboration de la journée ;
- M. Denys de Béchillon, M. Phillippe Terneyre, Professeurs de droit public à l'UPPA et M. Hubert Alcaraz, Maître de conférences HDR en droit public à l'UPPA pour leur soutien ;
- Toutes les équipes du CRATICE de l'UPPA, pour la captation audiovisuelle de la journée ;
- Les membres du comité de lecture (Laura Daydie, Pauline Estanguet, Julie Laussat et Laure Romazzotti) ;
- Les membres du comité d'organisation (Adrien Azarete, Elie Guerrero et Thomas Moretto) ;
- L'ensemble des membres de l'exécutif de l'A2P pour leur implication dans l'organisation de la journée.

Principales abréviations

Art	Article
Cass. crim	Chambre criminelle de la Cour de cassation
C. civ	Code civil
Cons. d'Et	Conseil d'Etat
C. pén	Code pénal
C. pr. pén	Code de procédure pénale
Dr. pén	Revue Droit pénal
Ed	Edition
Gaz. Pal	Gazette du Palais
Infra	Ci-dessous
JO	Journal Officiel
JCP	Jurisclasseur, La semaine juridique
Not	Notamment
P, pp	page(s)
Préc	Précité
Rev. sc. crim	Revue de science criminelle et de droit pénal comparé
RFD adm	Revue française de droit administratif
RTD civ	Revue trimestrielle de droit civil
S	suivant
Supra	Supra
V	Voir

Avant-propos

Pour ceux qui tiennent cas des proverbes, "une fois n'est pas coutume" ; pour les amateurs de polars, deux fois non plus[2]. Mais au bout de trois manifestations, on peut commencer à estimer l'usage bien établi et en voie de pérennisation. Ainsi en va-t-il de l'initiative des doctorants rattachés aux centres palois de recherche en droit public qui, depuis 2009, ont eu l'idée d'organiser et d'animer un colloque universitaire sur un thème par eux choisi, avec l'appui -essentiellement logistique- de nos deux laboratoires. Le premier d'entre eux portait sur « L'infraction pénale en droit public », le second, en 2011, sur « Droit public et cinéma », chacun ayant donné lieu à publication de leurs actes dans la présente collection.

Cette fois, c'est le sujet de la fête et de ses rapports avec le droit public qui a retenu leur attention. Faut-il y voir une trace de l'esprit convivial que s'emploient à entretenir l'*Association des Publicistes Palois* (qui regroupe, outre les doctorants, de nombreux anciens de nos Masters de droit public) et les membres de *Pau Droit Public* comme de ceux l' *Institut d'Etudes Ibériques et Ibérico-américaines* ? Nous voulons le croire. Mais, reconnaissons-le, ce choix se justifie surtout par les problématiques de grand intérêt nées de la confrontation de ces deux "mondes" a priori éloignés, sinon antinomiques, que constituent respectivement la frairie et la régulation. L'ensemble des contributions ici réunies l'atteste :

- tout d'abord, l'approche du sens et de l'essence du mot "fête", exercice imposé par la polysémie qui le caractérise et réalisé avec brio par Dimitri Löhrer, révèle l'enjeu, pour le droit, à appréhender "ce fait social intrinsèquement subversif". Il n'est dès lors en rien surprenant que de nombreuses limites juridiques enserrent ce dernier, même si, comme le montre la fine analyse menée par

---

[2] D'après le titre du roman noir de Janet Evanovich, Pocket 2005.

Jean-Victor Maublanc, la fête justifie également, de par ses caractéristiques propres, quelques dérogations aux contraintes générales posées par le droit public ;

- ensuite, l'ingénieux tour du monde des fêtes nationales et culturelles proposé par Pauline Estanguet permet de mieux apprécier la singularité de la situation française à cet égard, tandis qu'Elie Guerrero apporte un éclairage utile sur la subtile combinaison entre les exigences des fêtes religieuses et celles du principe de laïcité ;

- d'un point de vue plus pratique, est enfin opportunément étudiée la manière dont le droit public se préoccupe à la fois des préparatifs de la fête (que ce soit par l'habile dissection opérée par Thomas Moretto du phénomène de contractualisation croissante de son financement public, ou par le ferme mais très juste "rappel à l'ordre" -public- exprimé par Laura Daydie), de son déroulement (Laure Romazzotti mettant, avec maîtrise, l'accent sur les exigences de sécurité et la manière de les satisfaire) ainsi que de ses conséquences en termes de responsabilité publique (dont Adrien Azarete détaille de façon tout aussi exhaustive que bienvenue les divers cas de figure).

L'extrême Sud-Ouest a depuis longtemps acquis ses lettres de noblesse en tant que terre festive. Nul doute que le présent ouvrage contribuera, à l'instar de nombreuses autres investigations menées au sein de l'Université de Pau et des Pays de l'Adour, à le faire également reconnaître comme un territoire qui compte dans la recherche en droit public.

Chers lecteurs -et en guise de clin d'œil aux "festayres" bayonnais- il est temps pour nous de lancer les clés. Pour tous les amateurs de l'investigation en droit public, que la fête commence !

Jean Gourdou Olivier Lecucq *Directeur de Pau Droit Public* *Directeur de*

L'Institut d'Etudes Ibériques et Ibérico-américaines

1ère PARTIE

Penser la fête

Sens et essence de la fête

Dimitri LÖHRER

Maître de conférences en droit public à l'UPPA

Membre de l'IE2IA

« Gourmandise, paresse, luxure : ce sont les trois vertus cardinales, les vertus de la Fête. Le Paradis sur terre »[3]. Aussi séduisante soit-elle, la conception que se fait Jean-Louis Bory de la fête ne saurait à elle seule rendre compte de cette activité humaine. Parce qu'il recouvre des réalités qui vont bien au-delà de ces *« trois vertus cardinales »*, le champ festif ne peut en effet être appréhendé de façon aussi réductrice. A la vérité, seule une approche scientifique est susceptible de rendre sérieusement compte de cette *« expression symbolique des relations sociales et de la culture d'une société »*[4]. Systématiser la notion de « fête » ne peut donc s'envisager autrement que dans une perspective analytique rigoureuse que l'on se propose ici de mener à bien par l'entremise des concepts de « sens » et d'« essence ».

Cela étant précisé, s'interroger sur le sens et l'essence de la fête n'en reste pas moins une entreprise délicate. Outre que les activités festives prennent des formes diverses et variées et, ce faisant, renvoient à une réalité particulièrement hétéroclite[5], les concepts

---

3 J.-L. BORY, *Ma moitié d'orange*, 1973.

4 « Fête », *in* MORFAUX (L-M), *Vocabulaire de la philosophie et des sciences humaines*, Armand Colin, Paris, 2001, p. 126.

5 La fête peut être à la fois célébration du cours des saisons et de la nature, commémoration d'évènements civils, religieux ou de grands personnages de l'histoire (fêtes de la victoire, du travail, de Jeanne d'Arc, de Noël), mais aussi et souvent, *« le temps d'un jour ou d'une période déterminée, dans une atmosphère de liesse communautaire, expression sur*

mêmes de « sens » et d'« essence » se distinguent en raison d'une complexité qui leur est propre. Aussi un travail préalable de définition se révèle-t-il indispensable afin de poursuivre la réflexion plus avant.

Etymologiquement *« action de percevoir par les sens »*, le sens, tout d'abord, se révèle un *« terme aux acceptions multiples dont on ne voit guère l'unité ni la filiation »*[6]. Il peut tout aussi bien renvoyer à la fonction sensorielle, à la connaissance, à l'orientation d'un mouvement ou à la signification[7]. Sans nul doute est-ce cette dernière acception qui doit être privilégiée ici. La notion de « sens », entendue comme synonyme de signification, renverrait ainsi à ce dont une chose, en l'occurrence la fête, est le signe, c'est-à-dire ce que signifie, manifeste ou indique cette chose. Dans cette perspective, la fête pourrait être définie avec Fabien Vallos comme un *« ensemble de réjouissances collectives destinées à commémorer périodiquement un événement »*[8]. Elle reposerait à ce titre sur trois concepts fondamentaux que sont le réjouir, le collectif et le périodique.

Si le concept de « sens » se révèle difficilement saisissable, celui d'« essence » l'est tout autant. Qualité de *« ce qui fait qu'une chose est ce qu'elle est comme formant son fond distingué de ses modifications superficielles ou temporaires (accidents) »*[9], l'essence est classiquement définie dans le langage courant comme l'ensemble des caractères constitutifs d'une chose. En somme, et ainsi que l'enseigne la philosophie spinoziste, ce qui appartient à l'essence d'une chose suppose que, ceci étant donné la chose est nécessairement posée et, inversement, ceci étant ôté, la chose est nécessairement ôtée[10]. S'interroger sur l'essence de la fête reviendrait par conséquent à s'intéresser aux éléments intrinsèques à la fête, c'est-à-dire aux

---

le mode ludique, satirique et libératoire, d'un affranchissement à l'égard des normes et contraintes sociales, de l'assouvissement compensatoire et de l'exutoire toléré ou même voulu de tendances générales contenues ou réprimées (Carnaval, fête des vendanges, de la bière, etc.) » (« Fête », *in* MORFAUX (L-M), *op. cit*, p. 126).

6 « Sens », *in* MORFAUX (L-M), *op. cit.*, p. 327.

7 *Ibid.*

8 VALLOS (F), *Théorie de la fête : festivité, inopérativité et désœuvrement*, th. dactylographiée, Université Paris IV – Sorbonne, Paris, 2010, p. 21.

9 « Essence », *in* MORFAUX (L-M), *op. cit.*, p. 108.

10 SPINOZA (B), *Ethique*, 1677, II, déf. 2.

éléments qui en composent la substance même et sans lesquels la fête ne serait plus[11].

« Sens » et « essence » ainsi définis, ces deux concepts ne sauraient toutefois être abordés de façon cloisonnée. Dans la mesure où le premier participe bien souvent du second et inversement, le sens et l'essence d'une chose se nourrissent l'un l'autre et, ce faisant, se révèlent généralement imbriqués. Dans ces conditions, s'interroger sur la signification et sur les éléments constitutifs de la fête implique de privilégier une approche globale de ces deux concepts. Mais pour ce faire, il apparaît d'ores et déjà nécessaire de dégager une définition générique de la fête qui servira de support à l'ensemble de notre démonstration.

L'approche de Gwenaël Glâtre selon laquelle la fête constitue une *« institution de l'imaginaire social »*[12] s'avère à ce titre intéressante. Particulièrement originale, cette approche du champ festif résulte d'une lecture croisée des travaux de François-André Isambert et de Cornelius Castoriadis. Proposant une approche de la fête centrée sur sa dimension temporelle[13], les analyses d'Isambert tout d'abord ont permis de mettre en exergue la fonction institution-

---

11 En somme, et pour reprendre la terminologie propre au courant philosophique existentialiste, il semble possible d'affirmer s'agissant de la fête que *« l'essence – c'est-à-dire l'ensemble des recettes et des qualités qui permettent de [la] produire et de [la] définir – précède l'existence »* (SARTRE (J-P), *L'existentialisme est un humanisme*, Nagel, 1970, p. 2, [en ligne]. Disponible sur [http://www.sandamaso.es/uploaded_files/2_sartre_lexistentialisme_est_un_humanisme.pdf]). On notera néanmoins que si *« l'essence est le premier principe intérieur de tout ce qui appartient à la possibilité d'une chose »*, elle n'implique pas chez Kant l'existence. A la différence de Descartes et de Leibniz, le philosophe allemand considère que *« dans le simple concept d'une chose on ne saurait trouver absolument aucun caractère de son existence. En effet, quoique ce concept soit tellement complet que rien n'y manque pour concevoir une chose avec toutes ses déterminations extérieures, l'existence n'a cependant rien à faire avec toutes ces déterminations »* (*Critique de la raison pure*, 1781, Anal., 1. II, ch. II, 3ème section, 4).

12 GLATRE (G), « Pour une théorie politique de la fête », 26 août 2008, [en ligne]. Disponible sur [http://blogs.mediapart.fr].

13 ISAMBERT (F A), *Le sens du sacré. Fête et religion populaire*, Le sens commun, Les Editions de Minuit, 1982.

nelle, entendue dans son acception sociologique[14], des activités festives. Parce que le fondement de toute fête réside dans *« la périodicité de l'évènement et la signification intrinsèque de sa temporalité,* [...] *la spontanéité individuelle ou collective, sans laquelle il n'y a pas de fête, s'appuie sur une coutume plus ou moins institutionnalisée »*[15]. De son côté, Castoriadis s'est attaché à démontrer que *« l'institution de la société est chaque fois institution d'un magma de significations imaginaires sociales »*[16]. De ce concept d'*« institution imaginaire de la société »*, il s'ensuit que *« ce qui tient une société ensemble, c'est le tenir ensemble de son monde de significations »*[17]. Or, une telle analyse, ainsi que le suggère Gwenaël Glâtre, se révèle, *mutatis mutandis*, transposable à la notion de « fête » : ce qui tiendrait une fête ensemble serait l'ensemble des significations imaginaires, des motivations communes qui font que nous faisons la fête[18]. Aussi la fête peut-elle être perçue comme une création de l'imaginaire social instituant. Celui-ci *« institue la fête dans le calendrier, fixe une date qu'il peut reproduire selon des périodes régulières, institue la fête comme ensemble de significations, d'agencements mythiques qui permettent de l'identifier »*[19].

La fête ainsi définie comme une *« institution de l'imaginaire social »*, reste à identifier les significations et les éléments qui en sont constitutifs. Or, la tâche n'est pas aisée dans la mesure où, ainsi que le font remarquer Christophe Moreau et Christophe Pecqueur, la fête constitue *« un fait social complexe qu'il est difficile de réduire à telle ou telle fonction, dispositif ou signification »*[20]. La tâche est

---

14 Systématisée par Emile Durkheim, la notion d'institution peut être définie comme un *« fait social "institué", autrement dit, [une] forme établie et durable de pratiques et de normes sociales ayant des fonctions propres dans un système social »* (ECHAUDEMAISON (C-D) (Dir.) et *alii.*, *Dictionnaire d'Economie et de sciences sociales,* Nathan, Paris, 5e éd., 2001, p. 267).

15 GLATRE (G), « Pour une théorie politique de la fête », *op. cit.*

16 CASTORIADIS (C), *L'institution imaginaire de la société*, Seuil, 1975, p. 519.

17 *Ibid.*

18 GLATRE (G), « Pour une théorie politique de la fête », *op. cit.*

19 *Ibid.*

20 MOREAU (CH) et PECQUEUR (CH), « La fête réussie », *in* CAREIL (B) et MOREAU (CH) (Dir.), *La fête réussie et les rassemblements festifs dans l'espace public,* Actes du colloque La fête réussie et les rassemblements festifs dans l'espace public, Rennes, 6 et 7 décembre 2010, p. 10, [en ligne]. Disponible sur [www.adrenaline-fete.fr].

d'autant moins aisée que la fête, à l'instar de toute institution[21], évolue à mesure que la société dans laquelle elle prend corps évolue. En effet, dès lors que la fête est le produit de l'imaginaire social, « *ce même imaginaire la reconstruit, la redéfinit selon le magma "social-historique"* »[22]. Il s'ensuit que les fêtes des sociétés archaïques et traditionnelles, intimement liées à l'univers religieux et fortement sacralisées, n'ont plus grand-chose à voir dans leur manifestation avec les fêtes de nos sociétés contemporaines où l'on assiste à une banalisation de l'esprit festif.

En dépit de ces contingences, dont il conviendra évidemment de rendre compte, la fête demeure néanmoins animée par certaines constantes qui, formellement à tout le moins, perdurent au fil du temps. Vecteur privilégié de l'expression d'une culture, elle se présente notamment comme un rassemblement éphémère et répétitif de la société, délimité dans un espace-temps qui lui est propre, et dont l'objet est de « *commémorer périodiquement sinon un désordre, du moins des dérogations à l'ordre, pour obtenir ou réactualiser dans la conscience collective l'assentiment à l'ordre préconisé* »[23]. Et c'est évidemment là toute l'originalité de ce fait social dont est constitutive la fête. Intrinsèquement subversive, la fête, ainsi qu'il le sera mis en avant, contribue en réalité à la stabilité de l'organisation sociale en place. C'est d'ailleurs l'une des raisons pour lesquelles le champ festif se trouve investi par le droit. Peut être plus encore que tout fait social, la fête, parce qu'elle oscille entre l'ordre et la subversion, entretient des rapports particulièrement étroits avec cet instrument de régulation des activités humaines et sociales.

Ainsi la fête, et ce sera l'objet de notre démonstration, se présente comme une « *institution de l'imaginaire social* » originale (§ 1), évolutive (§ 2) qui, à l'instar de toute activité humaine, ne saurait échapper au droit (§ 3).

---

21 MAUSS (M) et FAUCONNET (F) ont en effet mis en évidence que les institutions sont vivantes, « *elles se forment, fonctionnent et se transforment aux différents moments qui constituent les phénomènes proprement sociaux* » (« La sociologie, objet et méthode », *La Grande Encyclopédie*, 1901, vol. 30, p. 11).

22 GLATRE (G), « Pour une théorie politique de la fête », *op. cit.*

23 « Fête », *in Le Trésor de la langue française informatisé*, [en ligne]. Disponible sur [atilf.atilf.fr].

§ 1. La fête, une « institution de l'imaginaire social » originale

Guidée par des règles et une logique propre, la fête se révèle une institution originale en ce que, s'inscrivant en opposition avec la vie quotidienne, elle marque une rupture avec l'espace-temps ordinaire (A). Son originalité se manifeste au surplus en raison de la spécificité du fait social dont elle est constitutive : intrinsèquement subversive, la fête contribue en réalité à la stabilité de l'organisation sociale en place (B).

A. Une institution marquant une rupture avec l'espace-temps ordinaire

« Vécu par la communauté comme un moment de vie intense en rupture complète avec la vie quotidienne »[24], l'épisode festif a ceci de spécifique qu'il s'inscrit en opposition avec l'espace-temps ordinaire. Dès lors que le cours de la vie quotidienne s'oppose à l'effervescence de la fête, les agents qui investissent le champ festif cherchent à « casser » le temps (1) et l'espace (2) afin d'interrompre l'opacité répétitive de l'ordinaire[25]. Il convient de reprendre ces deux points.

1. Une rupture temporelle

Bien qu'elle occupe une place centrale dans les réflexions humaines, la problématique du temps compte, sans nul doute, parmi les plus difficiles à appréhender. En témoigne la célèbre formule de Saint-Augustin : *« Qu'est-ce donc que le temps ? Si personne ne me le demande, je le sais bien ; mais si on me le demande, et que j'entreprenne de l'expliquer, je trouve que je l'ignore »*[26]. Une certitude néanmoins le temps n'est jamais figé. Au contraire, insaisissable en lui-même, le temps, cette *« période qui va d'un évènement antérieur à un évènement*

---

24 TECFA, « Les fonctions des fêtes d'un point de vue psychosociologique », [en ligne]. Disponible sur [http://tecfa.unige.ch/].

25 GUILLOUX (R), « Le sens de la fête », *overblog*, 4 juillet 2010, [en ligne]. Disponible sur [www.lechatsurmonepaule.com].

26 SAINT-AUGUSTIN, *Les Confessions*, Livre XI, Chapitre XIV, *Œuvres I*, *in* CHOMIENNE (G), *Lire les philosophes*, Hachette éducation, Paris, 2001, p. 118.

postérieur »[27], ne cesse jamais de s'écouler. Or, la fête, en tant qu'*« institution de l'imaginaire social »*, entretient des rapports particulièrement étroits avec le temps. A l'instar de toute institution, le temps prend corps dans ce phénomène social pour en devenir un élément substantiel[28]. Inhérent à la notion d'institution, la durée se présente ainsi comme un élément de définition à part entière de la fête[29].

Cela étant, et c'est là une des spécificités de cette institution sociale que constitue la fête, le temps festif a ceci d'original qu'il s'inscrit généralement en opposition avec le temps ordinaire.

Deux éléments en attestent :

D'une part, le temps festif, dans son acception traditionnelle à tout le moins[30], marque une rupture avec le temps ordinaire dans la mesure où, ainsi que le suggère Stefan Czarnowski, *« une fête a une date et elle est une date »*[31]. Quelle renvoie à des moments importants du cycle de la vie (naissance, mariage, mort), quelle soit liée à des moments de transition tels le changement de saisons, ou quelle soit la commémoration d'évènements exceptionnels, *« la fête est* [...] *avant toute chose une date, une répétition à périodes fixes ou aléatoires, en tout cas elle marque le temps de son empreinte, elle fixe de sa trace le calen-*

---

27 LALANDE (A), *Vocabulaire technique et critique de la philosophie*, P.U.F., Paris, 2e éd., 2006, p. 1110.

28 HEBRAUD (P), « La notion de temps dans l'œuvre du Doyen Maurice Hauriou », *in* BRIMO (A) et MARTY (G) (Dir.), *La pensée du Doyen Maurice Hauriou et son influence*, Editions A. Pédone, coll. Philosophie comparé du droit et de l'Etat, Paris, 1969, p. 199.

29 Pour être tout à fait précis, il conviendrait d'affirmer que la fête et le temps exercent une influence réciproque l'un sur l'autre. Car, ainsi qu'a pu le démontrer Georges Gurvitch, *« le "conditionnement du temps" n'est jamais pour nous unilatéral, mais réciproque, les cadres sociaux conditionnant le temps en étant eux-mêmes conditionnés par lui. Plus généralement, [...] les mouvements qui produisent le temps, tout en s'écoulant dans le temps, sont, par cela même, partiellement produits par lui. Il s'agit ici d'une dialectique »* (« La multiplicité des temps sociaux », *in* GURVITCH (G), *La vocation actuelle de la sociologie. Antécédents et perspectives*, tome II, P.U.F., Paris, 2ème éd. remaniée, 1963, p. 327).

30 Sur les évolutions du temps festif, v. *infra*, pp. 36-37.

31 CZARNOWSKI (S), *Le culte des héros et ses conditions sociales : Saint Patrick, héros national de l'Irlande*, Librairie Félix Alcan, 1919, p. 63.

drier qu'elle rend sacré »[32]. L'affirmation est particulièrement vraie s'agissant des fêtes calendaires qui interviennent à un moment précis de l'année et, ce faisant, conduisent à une division du temps entre jours chômés et jours d'activités[33]. C'est d'ailleurs là une des premières fonctions du calendrier d'être avant tout la mesure du temps de travail et de repos[34]. Il est à cet égard patent de constater que sous la Rome antique déjà le calendrier se trouvait divisé en jours *festi* – jours de fête consacrés au repos et aux dieux – et en jours *fasti* – pendant lesquels il était permis de vaquer aux affaires publiques[35]. En somme, la fête est instituée dans le calendrier par l'imaginaire social qui fixe une date susceptible d'être reproduite selon des périodes régulières[36]. Récurrente et périodique, la fête serait *« l'empreinte archéologique de la mesure calendaire comme saisissement possible d'une durée et d'une appréhension de cette durée en fonction du temps de l'action et du temps du repos »*[37].

D'autre part, *« le moment de la fête est vécu comme sacré et hors du temps »*[38]. En ce sens qu'*« à l'intérieur de l'épisode festif, le rapport à la temporalité semble se brouiller pour ne plus laisser place qu'à l'instantanéité d'un présent, vécu seulement pour lui-même, sans évocation du passé ou de l'avenir »*[39]. Le déroulement de la fête s'effectue donc dans un temps hors du temps qui lui est propre[40]. Il s'agit du temps de

---

32 GLATRE (G), « Pour une théorie politique de la fête », *op. cit.*

33 TECFA, « Les fonctions des fêtes d'un point de vue psychosociologique », *op. cit.* ; MOREAU (CH) et PECQUEUR (CH), « La fête réussie », *op. cit.*, p. 10.

34 En ce sens, v. VALLOS (F), *Théorie de la fête : festivité, inopérativité et désœuvrement, op. cit.*, p. 22.

35 TECFA, « Les fonctions des fêtes d'un point de vue psychosociologique », *op. cit.*

36 GLATRE (G), « Pour une théorie politique de la fête », *op. cit.*

37 VALLOS (F), *Théorie de la fête : festivité, inopérativité et désœuvrement, op. cit.*, p. 36.

38 TECFA, « Les fonctions des fêtes d'un point de vue psychosociologique », *op. cit.*

39 MOREAU (CH) et PECQUEUR (CH), « La fête réussie », *op. cit.*, p. 10.

40 Si elle se veut particulièrement prononcée s'agissant des évènements festifs, l'existence d'un temps propre à la fête n'est toutefois pas spécifique à cette activité sociale. Ainsi que l'a très justement démontré Georges Gurvitch, *« chaque classe sociale, chaque groupe particulier, chaque élément microsocial, c'est-à-dire chaque Nous et chaque rapport avec Autrui, enfin chaque palier en profondeur de la réalité sociale – de la base*

l'exaltation des émotions, de l'altérité, de l'excès jusqu'à l'épuisement des corps[41]. Le temps de la fête relève ainsi de ce que les grecs de l'antiquité appelaient le *Kairos*, c'est-à-dire *« le temps favorable, temps fort qui nous délivre de la répétition, du déterminisme clos d'une histoire personnelle ou collective »*[42].

« Institution de l'imaginaire social » marquant une rupture avec le quotidien, la fête, appréhendée dans son acception temporelle, se distingue en somme du temps ordinaire en raison de *« la périodicité de l'évènement et la signification intrinsèque de sa temporalité »*[43]. Etant entendu que de cette opposition entre temps festif et temps ordinaire, il ne faudrait pas en déduire que le premier est un temps un peu ridicule tandis que le second est un temps sérieux. Au contraire, *« les fêtes et le moment festif font partie de l'histoire profonde des sociétés »*[44].

Déjà identifiée par Platon[45], cette rupture avec le temps ordinaire de la quotidienneté ferait de la fête *« un temps autonome au temps social »*[46] ou, pour reprendre une formule chère à François-André Isambert, un *« temps-milieu »*[47]. A la fois abolition et commémoration du temps[48], *« une date de fête est un élément du temps qui se*

---

morphologique à la mentalité collective – chaque activité sociale même […] a tendance à se mouvoir dans un temps qui lui est propre » (« La multiplicité des temps sociaux », *op. cit.*, p. 325).

41 DELPHINE, « Le sens de la fête », *Les Z'infomanes*, [en ligne]. Disponible sur [http://zinfomanes.over-blog.com].

42 GUILLOUX (R), « Le sens de la fête », *op. cit.*

43 GLATRE (G), « Pour une théorie politique de la fête », *op. cit.*

44 NAHOUM-GRAPPE (V), « Le regard de l'anthropologue », *in* CAREIL (B) et MOREAU (CH) (Dir.), *La fête réussie et les rassemblements festifs dans l'espace public, op. cit.*, p. 29.

45 *« […] les Dieux, prenant en pitié la condition laborieuse qui est naturelle à l'espèce humaine, ont institué pour elle, en vue de la reposer de son labeur, l'alternance des fêtes en leur honneur »* (*Les lois*, II 653 d.).

46 GLATRE (G), « Pour une théorie politique de la fête », *op. cit.*

47 ISAMBERT (F A), *Le sens du sacré. Fête et religion populaire, op. cit.*

48 TECFA, « Les fonctions des fêtes d'un point de vue psychosociologique », *op. cit.*

distingue des autres par des qualités particulières »[49]. Parmi ces qualités figurent l'espace dans lequel se déroule la fête. Car, ainsi que l'écrit très justement Gwenaël Glâtre, *« le temps de la fête, son rite, délivre un message, un contenu mythique ou allégorique qui structure l'espace »*[50].

2. Une rupture spatiale

Ainsi que le souligne Loïc Joffredo, *« toute fête est un rassemblement massif d'individus, mus, comme en une pulsion, par un besoin de se réunir dans un espace et de commémorer un même fait »*[51]. Or, ici également, l'épisode festif traduit un désir d'échapper aux contraintes de l'espace de la vie de tous les jours[52] et, par conséquent, une rupture avec le quotidien.

Evidemment, la rupture spatiale à laquelle procède l'épisode festif ne se manifeste pas tant sur un plan strictement géographique. Et pour cause ! Si la fête peut se dérouler dans des lieux spécialement aménagés à cet effet, à l'instar des discothèques, bon nombre de manifestations festives interviennent dans un espace commun à l'espace social ordinaire[53]. De sorte que cette rupture doit davantage se comprendre en ce que *« la fête permet une ouverture entre des espaces habituellement séparés »*[54].

En tant qu'il *« constitue une incursion en dehors des systèmes clos »*[55], l'épisode festif se trouve en effet dans une importante mesure libéré du jeu des lois à l'œuvre dans l'espace social ordinaire. Il permet ainsi de créer des espaces sociaux originaux par la rencontre de mondes qui s'opposent. C'est par exemple le cas du Carnaval où se côtoient monde réel et monde imaginaire par le

---

49 CZARNOWSKI (S), *Le culte des héros et ses conditions sociales : Saint Patrick, héros national de l'Irlande*, *op. cit.*, p. 63.

50 GLATRE (G), « Pour une théorie politique de la fête », *op. cit.*

51 JOFFREDO (L) et LEFILLASTRE (A), « Calendriers et fêtes : les éternels retours », *in Textes et documents pour la classe*, 15 décembre 1998, n°766, p. 3.

52 En ce sens, v. GUILLOUX (R), « Le sens de la fête », *op. cit.*

53 C'est notamment le cas de l'ensemble des réunions festives qui se déroulent sur l'espace public (ex : carnaval, fête de la musique, etc.).

54 TECFA, « Les fonctions des fêtes d'un point de vue psychosociologique », *op. cit.*

55 GUILLOUX (R), « Le sens de la fête », *op. cit.*

prisme des costumes, des légendes et des personnages. Ou encore de la plupart des fêtes religieuses où la coexistence du monde divin et du monde humain se traduit par l'immersion de l'âme humaine dans une réalité qui la transcende[56]. Plus largement, l'espace festif se distingue de l'espace social ordinaire dans la mesure où il permet parfois de gommer les fractures sociales en réunissant des agents occupant une position différente dans l'espace social[57], ce que le poids des structures rend difficilement possible en temps normal[58].

« Institution de l'imaginaire social » s'inscrivant en rupture avec le quotidien, *« la fête peut donc être considérée comme un "espace-temps" global, elle s'incarne selon ses propres modes d'être, c'est-à-dire dans un rassemblement délimité dans le temps et l'espace, un rassemblement à la fois éphémère et répétitif de la société »*[59]. La notion de fête ne saurait toutefois véritablement se comprendre sans analyser l'originalité du fait social dont elle est constitutive.

B. Une institution constitutive d'un fait social atypique

Extérieur à l'individu et s'imposant à lui[60], le fait social est classiquement défini comme *« toute manifestation de la réalité humaine*

---

56 Sur ces questions, v. TECFA, « Les fonctions des fêtes d'un point de vue psychosociologique », *op. cit.*

57 Le sociologue français Pierre Bourdieu a effectivement démontré que les agents occupent une position différente au sein de l'espace social selon leur volume global de capital, c'est-à-dire l'ensemble des ressources économiques, culturelles et sociales, et la structure de ce capital, à savoir la répartition des ressources. Schématiquement, les agents disposant d'un important volume de capital, dont la structure peut être à prédominance culturelle ou économique, occupent le sommet de la hiérarchie de l'espace social, tandis que les agents disposant d'un faible volume de capital se trouvent relégués à la base de cette hiérarchie (*La distinction. Critique sociale du jugement*, Les éditions de minuit, Paris, 1979, pp. 128 et ss.).

58 En ce sens, v. JOFFREDO (L) et LEFILLASTRE (A), « Calendriers et fêtes : les éternels retours », *op. cit.*

59 GLATRE (G), *« Pour une théorie politique de la fête », op. cit.*

60 Selon Emile Durkheim, les faits sociaux *« consistent en des manières d'agir, de penser et de se sentir, extérieures à l'individu, et qui sont douées d'un pouvoir de coercition en vertu duquel ils s'imposent à lui »* (*Les règles de la méthode sociologique*, Petite Bibliothèque Payot, 2009, Paris, p. 63).

ayant une dimension collective et revêtant une certaine régularité »[61]. Or, la fête, en tant que phénomène universel ayant eu lieu de tout temps[62], se présente à n'en pas douter comme un fait social à part entière[63]. Cela étant, la fête revêt des caractéristiques qui font d'elle un fait social atypique. Intrinsèquement subversive en ce qu'elle entend renverser au moment de son déroulement l'ordre social établi (1), la fête contribue en réalité à la stabilité de l'organisation sociale en place (2).

1. Un fait social intrinsèquement subversif

S'il existe des fêtes de l'ordre qui obéissent à un double conformisme de répétition dans le temps et de rigidité du déroulement de l'épisode festif[64], la fête est en règle générale synonyme de désordre. Les manifestations festives sont effectivement porteuses d'une dimension transgressive. C'est ainsi que le sociologue Roger Caillois assimile, à la suite d'Emile Durkheim, la transgression à l'essence même de la fête[65]. Ontologiquement, l'évènement festif renferme en lui-même un aspect de désordre et de démesure, au point que certains n'hésitent pas opérer un parallèle entre la fête et la guerre. C'est notamment le cas de Robin Guilloux qui, s'inspirant des travaux de Roger Caillois, rapproche la fête d'une sorte d'état de guerre : *« Comme la guerre, la fête semble la négation des critères qui définissent le cours ordinaire des choses : le travail, la productivité, le respect de lois et des conventions, comme la guerre*

---

[61] ECHAUDEMAISON (C-D) (Dir.) et *alii.*, *Dictionnaire d'Economie et de sciences sociales, op. cit.*, p. 214.

[62] En ce sens, v. DUVIGNAUD (J), *Fêtes et civilisations*, Weber, 1973 ; Cahiers de Kubaba, « La fête : la rencontre des dieux et des hommes », *in* Actes IV du 2ème colloque international de Paris, *La fête, la rencontre du sacré et du profane*, L'Harmattan, Paris, 2004.

[63] Un des critères d'identification d'un fait social, directement lié à son caractère contraignant, réside dans la résistance d'une chose au changement. Or, c'est effectivement le cas de la fête. Car si la fête évolue *(v. infra,* pp. 32 et ss.*)*, elle ne saurait, à l'instar de tout fait social, *« être modifiée par un simple décret de volonté »* (DURKHEIM (E), *Les règles de la méthode sociologique*, *op. cit.*, p. 90).

[64] Sur ce point, v. TECFA, « Les fonctions des fêtes d'un point de vue psychosociologique », *op. cit.*

[65] CAILLOIS (R), « Le sacré de transgression : théorie de la fête », *in L'homme et le sacré*, Leroux-PUF, Paris, 1939, p. 263.

enfin, la fête est source d'émotions »[66]. Elle s'en distingue toutefois dès lors que les agents qui prennent part à l'évènement festif découvrent *« quelque chose qui n'est pas de l'ordre de la paix, mais qui échappe à la souffrance physique et à la cruauté de la guerre »*[67].

Si elle ne saurait par conséquent se confondre avec la guerre, la fête n'en demeure pas moins éminemment subversive. Moment d'anomie, elle s'apparente à un acte de subversion contre la normalité du monde[68]. L'expérience festive porte en elle-même le germe d'une contestation, une volonté, sinon de s'affranchir, à tout le moins de s'opposer à l'ordre culturel établi. L'essence de la fête, en effet, *« n'est pas d'illustrer, de représenter, mais de contester la culture et souvent de déchirer le voile qui enveloppe les habitudes communes : accumulation de biens, de savoirs, répétition, existence sur le mode de la productivité, du respect des valeurs dominantes »*[69].

Cette dimension intrinsèquement subversive de la fête, représentée sous l'Antiquité grecque par les débordements du corps symbolisés par Dionysos[70], trouve une illustration contemporaine éclatante à travers le Carnaval. *« Expression populaire du défoulement vis-à-vis des possédants et des dirigeants, notamment religieux »*[71], le Carna-

---

66 GUILLOUX (R), « Le sens de la fête », *op. cit.*

67 *Ibid.*

68 En ce sens, le lecteur pourra utilement se référer aux travaux de Jean Duvignaud : *Fêtes et civilisations*, *op. cit.* et *Le don du rien, essai d'anthropologie de la fête*, Stock, Paris, 1977.

69 GUILLOUX (R), « Le sens de la fête », *op. cit.* Dans le même sens, on peut lire dans le rapport *La fête, outil d'équilibre de l'ordre social 2015-2020* élaboré par le groupe FUTUROUEST : *«* In fine, *la fête est un peu une lutte contre la culture et la modernité. La fête n'a jamais cessé de répondre à un besoin irrépressible de contraste, de démarquage : contraste entre les jours qui se suivent et ne se ressemblent pas, démarquage vis-à-vis des règles, du sexe, de la culture, de l'économie … »*, (p. 2, [en ligne]. Disponible sur [www.futurouest.com]). Le propos se doit toutefois d'être nuancé dès lors que la fête, à mesure qu'elle perd de sa dimension sacrée, tend à se banaliser et, ce faisant, à se fondre de plus en plus dans le quotidien (sur cette question, v. *infra*, pp 35 et ss.).

70 *« Les débordements du corps, symbolisés par Dionysos et la présence de l'esprit, symbolisée par Apollon, sont les deux principales caractéristiques de la fête, telle qu'elle était à l'origine »* (« Fête », *in Encyclopédie de l'Agora*, [en ligne]. Disponible sur [http://agora.qc.ca/]).

71 FUTUROUEST, *La fête, outil d'équilibre de l'ordre social 2015-2020*, *op. cit.*, p. 1.

val se présente comme une période de licence durant laquelle l'ordre social ordinaire se trouve temporairement renversé[72]. Le « corps festif » de l'homme carnavalesque se présente sous toutes formes de postures *« de transversion, d'inversion, de conversion, de subversion, d'extraversion, etc. »*[73]. Il est d'ailleurs patent de constater qu'il est longtemps demeuré le seul évènement où le travestissement se trouvait légalement toléré.

Inhérente au champ festif, la dimension transgressive tend généralement à s'accentuer au cours du déroulement de la fête. L'anthropologue Véronique Nahoum-Grappe distingue en ce sens trois « moments » de la fête où la transgression de l'ordre social va en s'intensifiant : le moment cérémoniel, le moment carnavalesque, les charivaris[74].

Le moment cérémoniel, tout d'abord, est celui qui s'inscrit en prolongement du temps ordinaire. Il en officialise les valeurs et les hiérarchies en vue de *« faire rentrer dans une sorte de consistance sociale ce qui est en cours dans la société, à savoir les rapports de force et les hiérarchies sociales »*[75].

Le moment carnavalesque, ensuite, est celui où tout à coup le cérémoniel s'inverse. Marqué par la recherche de la démesure, la dimension subversive de la fête s'y exprime pleinement. Le moment carnavalesque se traduit en effet par un retournement des valeurs, les frontières basculent en s'autorisant ce qui n'est pas permis en temps normal. *« L'excès fait partie de la définition de la fête carnavalesque, de même que le renversement des rôles »*[76].

Le temps des charivaris, enfin, est celui où l'aspect subversif atteint son paroxysme. Il s'agit d'une forme festive particulière *« qui fait désordre, qui produit des complications, notamment dans l'espace*

---

72 En ce sens, v. not. : DELPHINE, « Le sens de la fête », *op. cit.* ; TECFA, « Les fonctions des fêtes d'un point de vue psychosociologique », *op. cit.*

73 RIBARD (F), *Le Carnaval de Bahia, ethnicité, fête afro à Salvador*, L'Harmattan, Collection Recherches et documents – Amérique latine, 1999, p. 134.

74 NAHOUM-GRAPPE (V), « Le regard de l'anthropologue », *op. cit.*, pp. 27 et ss.

75 MOREAU (CH) et PECQUEUR (CH), « La fête réussie », *op. cit.*, p. 11.

76 NAHOUM-GRAPPE (V), « Le regard de l'anthropologue », *op. cit.*, p. 28.

public »[77]. Analysé par les historiens comme *« une invention collective, une punition vis-à-vis d'une transgression que la loi ne saisit pas mais qui fait que quelque chose ne va pas »*[78], la forme charivaresque de l'épisode festif comporte en son sein quelque chose de dangereux pour soi-même et pour autrui. *« C'est le moment où on escalade, on accélère, on appuie sur l'accélérateur de la moto alors qu'on a bu, au mépris des valeurs de la journée »*[79]. On comprend dès lors qu'il ne soit pas impliqué dans toutes les fêtes.

Espace des interdits que toute société s'autorise[80], la fête se présente en définitive comme un fait social atypique eu égard à son caractère intrinsèquement subversif. Elle constituerait un espace clos autosuffisant, un en-dehors, dont la seule fin, pour reprendre la pensée de Jean Duvignaud, ne serait que sa propre mise en scène. En tant qu'il s'affranchit des règles du quotidien, l'épisode festif s'entendrait comme un *don du rien* s'éprouvant gratuitement sans aucune autre finalité[81]. Or, et c'est précisément là tout le paradoxe que renferme ce fait social, la fête, parce qu'elle *« n'implique aucune autre finalité qu'elle-même »*[82], contribue en définitive au maintien de la stabilité de l'ordre social établi.

2. Un fait social au service de la stabilité l'ordre social établi

La fête à ceci d'original que si elle se présente comme un fait social intrinsèquement subversif, elle assure en contraste *« la stabilité au profit, sinon des groupes dominants, du moins de l'organisation sociale en place »*[83]. Le désordre provisoire qui s'installe lors du déroulement des festivités a en effet pour résultat de consolider l'ordre habituel.

---

77 *Ibid*, p. 29.

78 *Ibid.*

79 *Ibid.*

80 GLATRE (G), *« Pour une théorie politique de la fête », op. cit.*

81 DUVIGNAUD (J), *Le don du rien, essai d'anthropologie de la fête, op. cit.*

82 *Ibid*, p. 54.

83 ECHAUDEMAISON (C-D) (Dir.) et *alii.*, *Dictionnaire d'Economie et de sciences sociales, op. cit.*, p. 83.

Tout se joue en réalité par l'entremise du lien social que parvient à recréer à l'épisode festif. *« Institution de l'imaginaire social »*, la fête, à l'instar des institutions complexes telles que le monde professionnel, les associations, les syndicats, favorise l'émergence de liens sociaux indirects[84]. En renversant, le temps d'un instant, l'ordre social établi, l'épisode festif rattache les agents qui y prennent part les uns aux autres et, ce faisant, contribue au renforcement de la cohésion sociale[85]. Les lieux, les costumes, les décors et les activités, renforcent symboliquement le sentiment d'appartenance à un groupe et concourent à l'intégration et à la cohésion du groupe[86].

Guidée par une *« finalité sans fin »*[87], la fête facilite d'autant plus le renforcement de la cohésion sociale qu'elle permet parfois, ainsi qu'il a été souligné, d'abolir les barrières et les cadres sociaux. En ce sens que *« si chacun peut ouvertement faire valoir sa singularité et assouvir ses envies, l'esprit festif promeut l'égalité et la fusion des participants »*[88] puisqu'il se trouve précisément affranchi des règles à l'œuvre au sein de l'espace social ordinaire. *« Il n'y a plus ni acteurs ni spectateurs, mais un même ensemble de célébrants tous associés aux mêmes formes rituelles, unis par un même sentiment d'appartenance à une communauté religieuse, sociale, nationale »*[89].

On le voit, la fête favorise *« la coexistence entre les individus, leur cohésion et par conséquent une certaine paix à l'intérieur du groupe »*[90].

Or, en créant du lien social par l'entremise de sa dimension subversive, la fête contribue dans le même temps, et ce de façon

---

84 Par opposition au lien social direct, ou relations « primaires », le lien social indirect, ou relations dites « secondaires », est celui tissé par la médiation d'institutions complexes (*Ibid*, p. 293).

85 Sur cette question, v. TECFA, « Les fonctions des fêtes d'un point de vue psychosociologique », *op. cit.*

86 JOFFREDO (L) et LEFILLASTRE (A), « Calendriers et fêtes : les éternels retours », *op. cit.*

87 DUVIGNAUD (J), *Fêtes et civilisations*, *op. cit.*, p. 41.

88 MOREAU (CH) et PECQUEUR (CH), « La fête réussie », *op. cit.*, p. 10.

89 JOFFREDO (L) et LEFILLASTRE (A), « Calendriers et fêtes : les éternels retours », *op. cit.*

90 GUILLOUX (R), « Le sens de la fête », *op. cit.*

somme toute atypique, à la stabilité de l'ordre social. Œuvrant tel une soupape de sécurité, le rapprochement des agents qui investissent le champ festif revêt en effet une *« fonction purificatrice et sert à régénérer périodiquement la société »*[91]. Ce n'est d'ailleurs rien d'autre que décrit Sigmund Freud dans son ouvrage *Totem et tabou*. En affirmant qu'*« une fête est un excès permis, voire ordonné, une violation solennelle d'un interdit »*[92], le chef de file de l'école de Vienne entend signifier que la fête *« permet à l'individu et, plus largement, à la communauté de libérer les pulsions que la société contrôle fortement en temps ordinaire »*[93].

Parce qu'elle remplace l'ordre premier de la communauté par un ordre inverse de façon seulement temporaire, la fête permet un ressourcement des agents sociaux qui ne remet nullement en cause la stabilité de l'organisation antérieure mais tend au contraire à le consolider[94]. Derrière un chaos apparent, *« le retour à l'ordre antérieur et prévu et préparé »*[95]. Loin d'imposer *« une césure radicale entre fête et société »*[96], la manifestation festive, ainsi que le fait remarquer Franck Ribard, *« ne sort pas du cadre des activités collectives et doit être entendue comme un espace, certes différent, où sont "digérées" les questions-clef des enjeux et des termes de l'existence humaine, comme ceux des tensions et du fonctionnement social, garantissant ainsi, telle une soupape de sécurité, la conservation et la pérennité du groupe et de la société »*[97].

Aussi est-il possible de souscrire à l'analyse de Gwenaël Glâtre selon laquelle *« la fête serait* [...] *cet en-dehors que toute société s'autorise, espace des interdits ou des chaos métaphysiques, pour mieux ressusciter à nouveau dans un ordre éternel »*[98]. De sorte que sous couvert d'une dimension intrinsèquement subversive, le champ festif se présente

---

91 TECFA, « Les fonctions des fêtes d'un point de vue psychosociologique », *op. cit.*

92 FREUD (S), *Totem et Tabou*, 1913, p. 161.

93 TECFA, « Les fonctions des fêtes d'un point de vue psychosociologique », *op. cit.*

94 *Ibid.*

95 *Ibid.*

96 GLATRE (G), « Pour une théorie politique de la fête », *op. cit.*

97 RIBARD (F), *Le Carnaval de Bahia, ethnicité, fête afro à Salvador*, *op. cit.*, p. 105.

98 GLATRE (G), « Pour une théorie politique de la fête », *op. cit.*

en réalité comme *« une cristallisation de la réalité quotidienne* [de la] *société »*[99] participant à l'équilibre de l'ordre social[100]. Il y aurait donc quelque chose de faussement subversif dans la fête. En ce sens que si l'épisode festif *stricto sensu* se distingue en raison d'un aspect éminemment transgressif, il ne l'est en réalité que pour garantir la stabilité de l'organisation sociale existante[101]. Sitôt la fête terminée chacun reprend la place et le rôle qui lui ont été assignés au sein de l'espace social. Or, c'est précisément parce que la fête *« est une mise en forme de la société par elle-même »*[102] qu'elle évolue dans ses manifestations à mesure que la société évolue.

§ 2. La fête, une « institution de l'imaginaire social » évolutive

Création de l'imaginaire social, la fête se présente comme *« une forme d'institution imaginaire que la société se donne à elle-même »*[103]. Elle se veut le reflet, un miroir de la société dans laquelle elle s'invente et, ce faisant, évolue à mesure que la société évolue. Certes, demeurent quelle que soit l'époque considérée des invariants. Qu'il s'agisse du cadre spatio-temporel dans lequel elle se déroule ou des spécificités du fait social dont elle est constitutive, la fête recouvre des constantes intemporelles. Reste que ces constantes font l'objet d'évolutions dans leur manifestation concrète. Dans la mesure où la société s'institue dans la fête tout autant que cette dernière s'institue en elle[104], chaque société produit en effet un espace festif qui lui ressemble[105]. C'est pourquoi on ne saurait appréhender le champ festif indépendamment du contexte social

---

99 MESNIL (M), *Trois essais sur la fête, du folklore à l'ethno-sémiotique*, Ed. de l'Université de Bruxelles, 1974, p. 25.

100 Sur ce point, le lecteur pourra utilement se référer à FUTUROUEST, *La fête, outil d'équilibre de l'ordre social 2015-2020*, *op. cit.*

101 Guilloux fait remarquer à ce titre qu'*« une fête n'est pas une révolution, même manquée ; la violence s'y déploie de manière symbolique, alors qu'une révolution implique une lutte armée »* (GUILLOUX (R), « Le sens de la fête », *op. cit.*).

102 GLATRE (G), « Pour une théorie politique de la fête », *op. cit.*

103 *Ibid.*

104 Sur ce point v. GLATRE (G), « Pour une théorie politique de la fête », *op. cit.*

105 NAHOUM-GRAPPE (V), « Le regard de l'anthropologue », *op. cit.*, p. 28.

dans lequel il prend place[106]. Or, si la fête tendait à se confondre avec l'univers religieux dans les sociétés traditionnelles et archaïques, le déclin de la religion s'est accompagné dans le même temps d'un déclin de la dimension sacrée de la fête (A), laissant ainsi la place à une banalisation des manifestations festives (B).

A. Le déclin de la dimension sacrée de la fête

C'est un fait, la fête, parce qu'elle entretient des liens historiquement étroits avec l'univers religieux, tend à se confondre avec le sacré[107]. Puisant leurs origines dans la religion, les fêtes à en croire Platon seraient un présent fait aux hommes par les Dieux pour qu'ils leur rendent honneur. On peut ainsi lire dans *Les lois* : *« les Dieux, prenant en pitié la condition laborieuse qui est naturelle à l'espèce humaine, ont institué pour elle, en vue de la reposer de son labeur, l'alternance des fêtes en leur honneur et, pour l'accompagner dans ces festivités, ils lui ont donné les Muses, avec Apollon qui mène le chœur, et Dionysos ; afin que ces Divinités en maintinssent la rectitude, ainsi que la façon de vivre au cours de fêtes célébrées en compagnie de Divinités »*[108].

Or, cette dimension sacrée attachée aux fêtes païennes, particulièrement nombreuses sous l'Antiquité grecque et romaine, n'a pas été altérée par l'institution du monothéisme. Au contraire, soucieuse de faire accepter le nouveau dogme religieux, l'Eglise catholique, confrontée aux résistances du paganisme, s'est résolue à fixer ses fêtes aux dates des célébrations païennes[109]. De sorte que *« les fêtes chrétiennes se sont substituées à des fêtes païennes ou religieuses*

---

[106] En ce sens, v. TECFA, « Les fonctions des fêtes d'un point de vue psychosociologique », *op. cit.*

[107] Ainsi que l'a démontré Emile Durkheim, l'essence du religieux ne peut être que le sacré. Dans son ouvrage *Les formes élémentaires de la vie religieuse*, le sociologue français écrit en effet : « *Les choses sacrées sont celles que les interdits protègent et isolent, et les choses profanes étant celles auxquelles ces interdits s'appliquent et qui doivent rester à l'écart des premières. La relation (ou l'opposition, l'ambivalence) entre Sacré et Profane est l'essence du fait religieux* » (*Les formes élémentaires de la vie religieuse*, 1912).

[108] PLATON, *Les lois*, II 653 d.

[109] TECFA, « Les fonctions des fêtes d'un point de vue psychosociologique », *op. cit.*

antérieures, sans en renier le mythe de base, mais en chargeant celui-ci de significations nouvelles »[110].

De cette confusion historique entre la fête et la religion, certains auteurs ont entendu définir le concept de festivité en raison de son caractère sacré. C'est par exemple le cas de Jean Jacques Wunenburger qui considère que la fête est une *« reconversion totale au mythe de la part de toute la collectivité. Il s'agit d'utiliser cette possession par le mythe non pour mettre le sacré au service du profane, mais pour mettre entre parenthèses le profane, pour le laisser irradier dans le sacré.* [...] *Cette possession par le mythe a pour but de convertir l'être, de métamorphoser un court moment corps et âme pour les replonger dans un état radicalement autre, pour permettre l'identification au dieu même »*[111]. De même, Roger Caillois voit dans la fête l'incarnation et la mise en forme du sacré[112], tandis que François-André Isambert, se fondant sur les travaux d'Emile Durkheim relatifs aux formes élémentaires de la vie religieuse[113], établit une relation entre la fête, le sacré et la vie religieuse[114]. Selon ces auteurs, Isambert en particulier, la fête serait intimement liée à l'univers religieux et au transcendantal. Ainsi que le souligne Gwenaël Glâtre, Isambert, dans son chapitre *« pour une définition sociologique de la fête »*[115], invite le lecteur *« à considérer le temps de la fête comme un temps où se joue le sacré, où le rituel festif joue avec l'ordre du quotidien et y invite l'ordre religieux »*[116].

A n'en pas douter, de telles lectures du champ festif témoignent du lien originellement étroit entre la fête et le sacré. Elles ne sauraient pour autant emporter l'adhésion. Outre qu'elles s'avèrent trop réductrices pour définir tout ce qui se joue au travers d'une

---

110 *Ibid.*

111 WUNENBURGER (J-J), *La fête, le jeu et le sacré*, Editions universitaires, Jean-Pierre Delarge éditeur, Paris, 1977.

112 Il convient toutefois de noter que chez Roger Caillois, la dimension sacrée de la fête tient surtout à l'excès et à la démesure qui caractérisent l'épisode festif (« Le sacré de transgression : théorie de la fête », *op. cit.*, p. 263).

113 DURKHEIM (E), *Les formes élémentaires de la vie religieuse, op. cit.*

114 ISAMBERT (F A), *Le sens du sacré. Fête et religion populaire, op. cit.*

115 *Ibid*, pp. 148-164.

116 GLATRE (G), « Pour une théorie politique de la fête », *op. cit.*

fête[117], le déclin manifeste de la religion dans les sociétés modernes a pour conséquence de les rendre anachroniques. Et pour cause ! Dans la mesure où le champ festif n'est que le reflet de la société dans laquelle il s'institue, la sécularisation induit de façon concomitante un déclin de la dimension sacrée de la fête. Ce n'est d'ailleurs rien d'autre que décrit Loïc Joffredo lorsqu'il affirme à propos des manifestations festives que *« leur dimension sacrée a perdu sa justification dans des sociétés où la religion s'érode »*[118]. Certes, les fêtes religieuses n'ont pas disparu et derrière bon nombre de fêtes calendaires, à l'instar de Noël ou de Pâques, se profile encore aujourd'hui une forme de sacralisation. Pour autant, si les rituels sociaux de la fête *« conserv*[ent] *parfois, comme un lointain souvenir, la trace de leurs origines religieuses et sacrées, la fête, dans nos sociétés occidentales du moins, a glissé vers l'espace privé, et de façon si envahissante, si quotidienne, qu'elle en devient un mode de vie »*[119]. Aussi assiste-t-on à une banalisation de la fête.

B. La banalisation des épisodes festifs

Le constat est unanime au sein de la communauté scientifique : sociologues, philosophes, anthropologues, tous conclus à une banalisation de la fête[120]. Certes, les interprétations divergent à propos de ce phénomène. Tandis que certains estiment qu'une telle banalisation ne peut être comprise qu'en raison d'une transformation de la signification des fêtes, à l'origine d'une dilution de

---

117 Gwenaël Glâtre, notamment, se montre particulièrement critique à l'égard de la thèse d'Isambert. Selon lui, Isambert, *« en s'enfermant dans ces concepts durkheimiens de "religion" et de "sacré ", [...] semble quelque peu décontenancé pour définir tout ce qui se joue au travers d'une fête. Deux nuances cristallisent le développement du sociologue ; le caractère "mixte" de la fête, terme qu'il reprend à Durkheim une fois encore, pour caractériser les deux extrêmes de la pratique festive, la "cérémonie" et le "divertissement" ; et deuxièmement, la tension entre le "profane" et le "sacré" qui traversent la fête. Ces deux binômes, cérémonie-divertissement et profane-sacré, que Isambert tente de développer et de nuancer le plus finement possible, restent comme des épines au pied »* (*Ibid.*).

118 JOFFREDO (L) et LEFILLASTRE (A), « Calendriers et fêtes : les éternels retours », *op. cit.*

119 FAUCONNIER (B), « Le sens de la fête », *Témoignage chrétien*, 14 mars 2014, [en ligne]. Disponible sur [http://temoignagechretien.fr].

120 En ce sens, v. not. : MOREAU (CH) et PECQUEUR (CH), « La fête réussie », *op. cit.*, p. 12 ; MURAY (PH), *Après l'histoire*, Les belles lettres, Paris, 1999, pp. 10-11 ; PROULX (J), « Le jeu, le rire, la fête », *Critère*, 1971, n°3.

l'épisode festif dans le quotidien[121], d'autres au contraire soutiennent que ce n'est autre que le quotidien qui s'inscrit dans une hyperfestivité envahissante[122].

Quelque peu cloisonnées dans la mesure où, ainsi qu'il a été démontré, la société s'institue dans la fête tout autant que cette dernière s'institue en elle, de telles interprétations n'en attestent pas moins de l'idée selon laquelle à mesure que la fête se désacralise, la coupure entre l'épisode festif et le quotidien se fait de moins en moins nette à tel point qu'ils tendent à se confondre[123].

De cette banalisation de la fête, on ne saurait évidemment en conclure avec Georges Bataille que *« si on parle de fête aujourd'hui c'est qu'elle n'existe plus »*[124]. De même, ne cédons pas au pessimisme de Guy Debord selon lequel *« cette époque qui se montre à elle-même son temps comme étant essentiellement le retour précipité de multiples festivités, est également une époque sans fête.* [...] *Quand ses pseudo fêtes vulgarisées, parodies du dialogue et du don, incitent à un surplus de dépense économique, elles ne ramènent que la déception toujours compensée par la promesse d'une nouvelle déception »*[125].

Il est en revanche certain que nos fêtes contemporaines n'ont plus grand-chose à voir dans leur manifestation avec celles des sociétés traditionnelles et archaïques. Rien de très surprenant toutefois ! Dans la mesure où la fête évolue de façon concomitante à l'évolution de la société, elle se veut le strict reflet des valeurs dominantes de nos sociétés post-modernes.

Trois éléments permettent d'illustrer le propos.

En premier lieu, l'espace-temps dans lequel se déroule l'épisode festif connaît des bouleversements. A la temporalité

---

121 PROULX (J), « Le jeu, le rire, la fête », *op. cit.*

122 MURAY (PH), *Après l'histoire, op. cit.*

123 TECFA, « Les fonctions des fêtes d'un point de vue psychosociologique », *op. cit.*

124 BATAILLE (G), *La littérature et le mal*, Gallimard, 1957. Rapporté par FUTUROUEST, *La fête, outil d'équilibre de l'ordre social 2015-2020, op. cit.*, p. 1.

125 DEBORD (G), *La société du spectacle*, Gallimard, Folio, 1967, p. 154.

lente et cyclique des fêtes traditionnelles[126], essentiellement calendaires, correspond désormais une temporalité plus rapide et plus spontanée où l'on se préoccupe davantage de jouir de l'intensité de l'instant présent[127]. Reflet de l'accélération du temps social propre à nos sociétés contemporaines, les fêtes *«ne durent que quelques heures, comme arrachées au temps »*[128] et, dans le même temps, se multiplient et se généralisent. La fête n'est plus une pratique exceptionnelle mais devient, chez les jeunes à tout le moins, un véritable mode de vie[129]. Aussi peut-on parler d'une *« ritualisation festive de la vie quotidienne »*[130]. De même, la fête investie de nouveaux espaces. Tandis que certains privilégient une privatisation de l'espace festif (fêtes en appartements), d'autres s'approprient l'espace public de façon originale et bien souvent clandestine[131]. On songera aux fêtes techno, qu'elles prennent la forme de raves, de teknivals ou de free parties, et plus récemment au phénomène des rassemblements de masse facilité par le développement des nouvelles technologies de la communication[132]. Par ailleurs, et de façon somme toute logique compte tenu de la généralisation des pratiques festives, on assiste à une multiplication des lieux spécialement aménagés pour faire la fête. Au cours des dernières

---

126 Bien que d'une apparente précipitation, le temps cyclique recouvre, en réalité, un repliement sur lui-même. *« Une danse sur place »*, écrit Gurvitch. *« Le passé, le présent et l'avenir étant projetés mutuellement l'un dans l'autre, ce qui conduit à une accentuation de leur continuité et à l'affaiblissement de la contingence »* (GURVITCH (G), « La multiplicité des temps sociaux », *op. cit.*, p. 342).

127 Sur ce point, v. not. : JOFFREDO (L) et LEFILLASTRE (A), « Calendriers et fêtes : les éternels retours », *op. cit.* ; TECFA, « Les fonctions des fêtes d'un point de vue psychosociologique », *op. cit.*

128 TECFA, « Les fonctions des fêtes d'un point de vue psychosociologique », *op. cit.*

129 MOREAU (CH) et PECQUEUR (CH), « La fête réussie », *op. cit.*, p. 12.

130 TECFA, « Les fonctions des fêtes d'un point de vue psychosociologique », *op. cit.*

131 Sur ce point, v. en part. : FILLON (N), « Les surgissements festifs dans l'espace public », *in* CAREIL (B) et MOREAU (CH) (Dir.), *La fête réussie et les rassemblements festifs dans l'espace public*, pp. 33 et ss.

132 On songera évidemment aux rassemblements Facebook nommés « apéros géants ».

décennies, le festif a en effet été *« une des plus puissantes "machines" de production d'espaces spécialisés, créés pour la consommation du plaisir »*[133].

En deuxième lieu, la fête perd de sa dimension cérémonielle *« au profit d'un esprit festif essentiellement tourné vers l'immédiateté du ressenti, la quête du divertissement et de la jouissance intime »*[134]. Soumise au contexte de la consommation de masse, elle n'échappe pas à la loi du marché et à l'influence du capitalisme[135]. Elle n'échappe pas plus à la fragmentation de nos sociétés post-modernes et aux valeurs prédominantes de l'individualisme qui les caractérisent. *« La réjouissance est devenue une affaire privée »*[136]. Les fêtes sont multiples et multiformes. Elles ne sont plus comprises comme un moyen de commémoration collective mais s'individualisent. *« Les innombrables modes et cultures qui lui donnent ses apparences traduisent les appartenances micro-identitaires du groupe des jeunes : entre le rallye de la jeunesse dorée, les parades "gays" et le concert hard rock, il y a en effet un monde ! »*[137].

En troisième et dernier lieu, la dimension intrinsèquement subversive de la fête est également sujette au changement. Elle correspond, surtout chez les jeunes, à une façon de supporter le présent[138]. L'entrée en fête prend ainsi des formes déstructurées : absorption excessive d'alcool, consommation importantes de substances illicites. Indissociables de l'épisode festif, de telles pratiques s'apparentent, sinon à *« une fuite en avant perpétuelle »*[139], à une *« quête (parfois vaine) de la "fête" »*[140]. Dans un univers où l'absence de normes est la norme, la recherche de l'abandon de soi constitue en effet souvent le but ultime, *« elle est la preuve paradoxale que l'on*

---

133 MOREAU (CH) et PECQUEUR (CH), « La fête réussie », *op. cit.*, p. 12

134 *Ibid.*

135 *« La fête est soumise au contexte de marchandisation »* (FUTUROUEST, *La fête, outil d'équilibre de l'ordre social 2015-2020*, *op. cit.*, p. 2). Dans le même sens, v. MOREAU (CH) et PECQUEUR (CH), « La fête réussie », *op. cit.*, p. 12.

136 JOFFREDO (L) et LEFILLASTRE (A), « Calendriers et fêtes : les éternels retours », *op. cit.*

137 *Ibid.*

138 En ce sens, v. DAGNAUD (M), *La fête jusqu'à plus soif*, Rapport de recherche, juillet 2006.

139 PH. MURAY, *Festivus festivus*, Fayard, 2005.

140 JOFFREDO (L) et LEFILLASTRE (A), « Calendriers et fêtes : les éternels retours », *op. cit.*

existe »[141]. Ce haut degré de subversivité de nos fêtes contemporaines traduirait chez certains agents qui y prennent part une forme de malaise à l'égard de l'ordre social existant. Parfois en situation d'exclusion, ces derniers entendent retisser du lien social par l'entremise de la fête sans pour autant y parvenir ou seulement de façon temporaire et épisodique, c'est-à-dire le temps de l'épisode festif. Sitôt celui-ci achevé, l'ordre social existant, dont la fête n'a que pour fonction de garantir la stabilité, reprend son cours et c'est là tout le paradoxe de nos fêtes contemporaines que de tisser un lien social parfois illusoire.

Particulièrement significatifs chez les moins de 30 ans[142], de tels bouleversements conduisent inexorablement le festif à se muer en hyperfestif. De façon quelque peu désabusée et excessive, Philippe Muray écrit en ce sens : *« Hyperfestive* [...] *peut être appelée*

---

141 *Ibid.*

142 En témoigne l'enquête « qu'est-ce qu'une fête réussie ? » réalisée par les sociologues du Jeudevi en 2010. Se fixant pour objectif de comprendre le vécu des populations lors des pratiques festives et ce que représente pour elles une fête réussie, cette enquête s'est déroulée selon la méthode du questionnaire. Sur les 919 personnes interrogées, 37% des enquêtés ont plus de 30 ans, et 21% sont mineurs. Une personne sur dix a une origine culturelle extra-européenne (86 réponses). 374 personnes sont salariées et 377 sont étudiantes ou lycéennes. Enfin, une personne sur quatre a des revenus mensuels inférieurs à 500€ (182 réponses) et près d'une sur cinq a des revenus mensuels supérieurs à 2000€ (123 réponses). Les résultats de l'enquête mettent en exergue deux types d'ambiance festive préférée par les personnes interrogées. La première ambiance, que l'on peut qualifier d'hyperfestive, correspond aux pratiques des jeunes de moins de 30 ans. La fête a lieu de façon spontanée et à n'importe quel moment. Lorsqu'elle ne présente pas une dimension privative, elle se déroule dans les espaces publics pour les 18-24 ans, ou dans des lieux spécialisés (bars, concerts, etc.) pour les 25-29 ans. Le renouvellement des personnes et des lieux y tient une place plus importante que la stabilité des échanges et le partage avec des proches et l'ivresse y est très présente. La seconde ambiance conserve des traits caractéristiques des fêtes traditionnelles. Davantage prônée par les adultes, elle se veut plus cérémonielle, codifiée et préparée en amont. La fête se déroule dans un cadre familial ou communautaire et réunie toutes les générations. Elle célèbre des évènements qui concernent tout un chacun et le partage, l'échange et la convivialité en sont des valeurs essentielles (Pour une approche exhaustive de cette enquête, le lecteur pourra utilement se reporter à MOREAU (CH), PECQUEUR (CH) et DRONIOU (G), « Qu'est-ce qu'une fête réussie ? Enquêtes sur les facteurs sociaux de régulation des consommations », 2010, [en ligne]. Disponible sur [http://www.jeudevi.org/] ; MOREAU (CH), PECQUEUR (CH), « La fête réussie », *op. cit.*, pp. 13-24).

cette civilisation, parce que la festivité globalisée semble le travail même de notre époque et sa plus grande nouveauté. Cette festivisation intensive n'a plus que de lointains rapports avec le festif d'autrefois, et même avec la déjà vieille "civilisation des loisirs". Le festif "classique" et localisé (les kermesses de jadis, le carnaval, etc.), comme le festif domestique assuré plus récemment par la télévision, sont désormais noyés dans le festif total, ou hyperfestif, dont l'activité infatigable modifie et transforme sans cesse les comportements et l'environnement. Dans le monde hyperfestif, la fête n'est plus en opposition, ou en contradiction, avec la vie quotidienne ; elle devient le quotidien même, tout le quotidien et rien que le quotidien »[143].

Mais si elle évolue dans ses manifestations, la fête, loin de disparaître, demeure une institution à part entière de nos sociétés contemporaines. Institution dont le droit public s'efforce de connaître. Parce qu'elle oscille entre une logique d'ordre et de subversion, la fête, peut être plus encore que tout fait social, ne saurait en effet échapper au droit.

§ 3. La fête, une *« institution de l'imaginaire social »* appréhendée par le droit

Si elle se veut l'« *expression, sur le mode ludique, satirique et libératoire, d'un affranchissement à l'égard des normes et contraintes sociales* »[144], la fête n'en reste pas moins soumise au droit. Et pour cause ! Intrinsèquement subversif, l'épisode festif, loin de constituer une révolution, ne l'est en réalité que pour garantir la stabilité de l'ordre social établi. Ordre social dont le droit se veut le principal régulateur. En tant qu'instrument de régulation des activités humaines et sociales, le droit se trouve en effet inévitablement conduit à connaître des activités festives. Il est à cet égard patent de constater que les autorités normatives ont entendu fixer dans le calendrier républicain les dates des fêtes civiques. Par ce biais, on voit émerger une structure de la temporalité des épisodes festifs dont l'Etat entend poser les jalons afin de s'assurer, non seulement du retour à l'ordre social établi, mais également de la stabilité de ce dernier par la commémoration d'évènements qui lui sont

---

143 MURAY (PH), *Après l'histoire*, Paris, *op. cit.*, pp. 10-11.

144 « Fête », *in* MORFAUX (L-M), *Vocabulaire de la philosophie et des sciences humaines*, *op. cit.*, p. 126.

propres[145]. Plus largement, on observera, à l'aune d'une analyse du système juridique français, que la fête, bien qu'elle trouve à bénéficier par voie de médiation de la protection offerte à certains droits fondamentaux (A), fait l'objet d'un encadrement rigoureux par les autorités normatives et juridictionnelles dans la mesure où sa pratique conduit parfois à des débordements contraire à ce pour quoi elle a été instituée : la préservation de l'organisation sociale existante (B).

A. La possible identification d'un droit de faire la fête par médiation

De prime abord, assimiler la fête à une permission juridique d'agir dont l'effectivité se trouve garantie par un juge ne va pas de soi. Sur un plan strictement philosophique d'abord, d'aucuns soulignent que la fête ne saurait être l'objet d'un droit. On peut ainsi lire dans l'*Encyclopédie de l'Agora* : *« l'expression droit à la fête enferme une contradiction. Il y a une incompatibilité entre le sentiment du droit et le sens de la fête. C'est le bienfait gratuit et perçu comme tel qui met l'âme en fête »*[146]. D'un point de vue juridique ensuite, il ne semble pas exister à proprement parler de droit subjectif et encore moins de droit fondamental, entendu ici dans son acception formelle, de faire la fête. Qu'il s'agisse des textes de valeur supralégislative ou de la jurisprudence constitutionnelle et européenne, on ne trouve en effet aucune consécration explicite d'une telle permission juridique d'agir au sein du droit positif.

Certes, on aurait pu imaginer que le Conseil constitutionnel consacre, sur le fondement du droit au repos et aux loisirs tel que consacré par l'alinéa 11 du Préambule de la Constitution du 27 octobre 1946, un droit subjectif à la pratique des activités festives. Il n'en est rien ! Si le Conseil constitutionnel a explicitement af-

---

145 Sur ce rôle joué par l'Etat dans l'émergence d'une structure de la temporalité par l'entremise du calendrier républicain, le lecteur pourra utilement se référer à BOURDIEU (P.), *Sur l'Etat. Cours au Collège de France 1989 – 1992*, Raisons d'agir/Seuil, 2012, pp. 20-21.

146 « Fête », *in l'Encyclopédie de l'Agora*, *op. cit.*

firmé la valeur constitutionnelle du droit au repos[147], il n'en a jamais déduit un quelconque droit constitutionnel de faire la fête[148]. De même, ni l'article 4 de la Déclaration des droits de l'Homme et du citoyen du 26 août 1789, aux termes duquel *« la liberté consiste à pouvoir faire tout ce qui ne nuit pas à autrui »*, ni l'article 5 de la même Déclaration, selon lequel *« tout ce qui n'est pas défendu par la loi ne peut être empêché »*, n'ont fait l'objet d'interprétation en faveur de la consécration d'un tel droit.

A l'évidence, il y a là de quoi décourager les quelques militants revendiquant un droit de faire la fête librement[149].

Il convient toutefois de constater que si la fête ne constitue pas en elle-même un droit subjectif autonome, les activités festives sont, en revanche, susceptibles de bénéficier par ricochet des ga-

---

[147] Cons. const., 13 janvier 2000, *Loi relative à la réduction négociée du temps de travail*, décision n°99-423 DC, *Rec.*, p. 33, cons. 27. Jurisprudence précisée par le Conseil constitutionnel dans sa décision 2009-588 DC dans laquelle il a affirmé que *« le principe d'un repos hebdomadaire est l'une des garanties du droit au repos reconnu aux salariés par le onzième alinéa du Préambule de 1946 »* (Cons. const., 6 août 2009, *Loi réaffirmant le principe du repos dominical et visant à adapter les dérogations à ce principe dans les communes et zones touristiques et thermales ainsi que dans certaines grandes agglomérations pour les salariés volontaires*, décision n°2009-588 DC, *Rec.* p. 163, cons. 2.).

[148] A ce jour, les seules applications extensives du droit au repos opérées par le Conseil constitutionnel résultent d'une lecture combinée des articles 10 et 11 du Préambule de la Constitution de 1946. Une telle lecture a permis, d'une part, l'affirmation de la valeur constitutionnelle de la politique de solidarité nationale en faveur de la famille (Cons. const., 18 décembre 1997, *Loi de financement de la sécurité sociale pour 1998*, décision n°97-393 DC, *Rec.* p. 320, cons. 30 à 34.) et, d'autre part, la consécration du droit à la protection sociale (Cons. const., 23 juillet 1999, *Loi portant création d'une couverture maladie universelle*, décision n°99-416 DC, *Rec.* p. 100, cons. 4 à 6, 8 et 10.) et de la possibilité pour toute personne de disposer d'un logement décent (Cons. const., 19 janvier 1995, *Loi relative à la diversité de l'habitat*, décision n°94-359 DC, *Rec.* p. 176, cons. 5 et 7.).

[149] Pas plus tard que le 31 janvier dernier, des amateurs de free parties défilaient dans les rues de Bordeaux en réclamant le droit de faire la fête librement (GILLARD (CH), « Bordeaux : les jeunes réclament le droit de faire la fête librement », *Sud-ouest*, 1er février 2015, [en ligne]. Disponible sur [www.sudouest.fr]).

ranties attachées à certains droits fondamentaux[150]. Soit que le droit fondamental considéré implique l'exercice d'une activité festive particulière. Soit que certains aspects inhérents aux activités festives entrent dans le champ d'exercice d'un droit fondamental. Il convient de reprendre ces deux hypothèses.

S'agissant de la première hypothèse, l'exemple de la liberté de culte et de religion demeure de loin le plus significatif. Erigée par le Conseil d'Etat en liberté fondamentale au sens de l'article L. 521-2 du code de justice administrative[151], consacrée par l'article 9 de la Convention européenne des droits de l'homme, cette permission juridique d'agir implique, aux termes de cette même disposition, *« la liberté de manifester sa religion ou sa conviction individuellement ou collectivement, en public ou en privé, par le culte, l'enseignement, les pratiques et l'accomplissement des rites »*. Or, dans la mesure où la fête entretient des liens historiquement étroits avec l'univers religieux, il ne fait aucun doute que l'exercice de la religion, l'accomplissement de ses rites en particulier, comprend, toujours aujourd'hui, la pratique d'activités festives[152]. Il s'ensuit que les fêtes religieuses trouvent une consécration supralégislative par la médiation de la liberté religieuse, de sorte que toute atteinte disproportionnée portée à leur exercice serait susceptible d'être sanctionnée par le juge. On observera en ce sens que le Conseil d'Etat, sans faire explicitement référence à la liberté de religion, n'a pas hésité à sanctionner dans sont arrêt *Mlle Henny* la décision par laquelle le directeur du centre national d'art et de culture Georges Y… a refusé à un agent non titulaires trois demandes d'autorisations d'absence pour des journées correspondant à des fêtes religieuses non légalement chômées. Selon le Conseil d'Etat,

---

[150] Sur cette technique dite de la « protection par ricochet », le lecteur pourra utilement se référer à : COHEN-JONATHAN (G), *La Convention européenne des droits de l'homme*, Economica, Paris, 1989, pp. 34 et 304 ; DUVIGNAU (J), *Le droit fondamental au séjour des étrangers*, th. Dactylographiée, Université de Pau et des pays de l'Adour, 2010, pp. 136-146 ; SUDRE (F), « La notion de peines et traitements inhumains et dégradants dans la jurisprudence de la Commission et de la Cour européenne des droits de l'homme », *R.G.D.I.P.*, 1984, pp. 866-868.

[151] En ce sens, v. Cons. d'Et. ord., 16 février 2004, *Ahmed B.*, req. n°264314, *Rec.* T. p.826.

[152] On songera, entre autres, à Noël et à Pâques chez les catholiques, au Ramadan chez les musulmans, à la fête du Chabbat chez les juifs.

« l'institution par la loi de fêtes légales ne fait pas, par elle-même, obstacle à ce que, sous réserve des nécessités du fonctionnement normal du service, des autorisations soient accordées à des agents publics pour participer à d'autres fêtes religieuses correspondant à leur confession »[153].

Concernant la seconde hypothèse, il apparaît que certaines caractéristiques inhérentes au déroulement de l'épisode festif entrent dans le champ d'application d'un ou plusieurs droits fondamentaux et, ce faisant, sont susceptibles de bénéficier indirectement de la protection offerte à de tels droits. Il en va par exemple ainsi de la liberté de manifestation[154] et de la liberté d'aller et venir[155] lorsque l'épisode festif se déroule au sein de l'espace public. De même, le droit repos et aux loisirs prévu par l'article 11 du Préambule de la Constitution du 27 octobre 1946, s'il n'a pas donné lieu à ce jour à la consécration d'un droit constitutionnel de faire la fête, se présente comme un droit inhérent à la pratique de toute activité festive. Car, bien que la fête ne soit pas toujours de tout repos, elle se pratique essentiellement les jours chômés. Ce n'est d'ailleurs pas un hasard si les jours de fêtes calendaires, que celles-ci soient laïques ou religieuses, sont explicitement qualifiés de fériés par le code du travail[156]. Partant, rien ne semble empêcher le juge, ici également, de sanctionner les atteintes qui seraient portées à l'exercice de tel ou tel droit fondamental dans le cadre d'activités festives.

En définitive, une approche juridique de la fête laisse apparaître que s'il n'existe pas de droit fondamental autonome de faire la fête, les activités festives sont, en revanche, susceptibles de

---

[153] Cons. d'Et., 12 février 1997, *Mlle Henny*, req. n°125893, *Rec.* T. p. 891.

[154] En tant que *« droit d'expression collective des idées et des opinions »*, la tenue d'une manifestation constitue une liberté fondamentale figurant parmi les *« libertés constitutionnellement garanties »* (Cons. const., 18 janvier 1995, *Loi d'orientation et de programmation relative à la sécurité*, décision n°94-352 DC *Rec.* p. 170, cons. 16).

[155] La liberté individuelle est notamment rattachée à la liberté individuelle consacrée par l'article 66 de la Constitution du 4 octobre 1958 par le Conseil constitutionnel (Cons. const., 12 juillet 1979, *Loi relative à certains ouvrages reliant les voies nationales ou départementales*, décision n°79-107 DC, *Rec.* p. 31.).

[156] Aux termes de l'article L. 3133-1 du code du travail, *« les fêtes légales ci après désignées sont des jours fériés : 1° Le 1er Janvier ; 2° Le lundi de Pâques ; 3° Le 1er Mai ; 4° Le 8 Mai ; 5° L'Ascension ; 6° Le lundi de Pentecôte ; 7° Le 14 Juillet ; 8° L'Assomption ; 9° La Toussaint ; 10° Le 11 Novembre ; 11° Le jour de Noël »*.

bénéficier indirectement de la protection offerte aux droits fondamentaux auxquels elles se rattachent. Aussi peut-on conclure à l'existence d'un éventuel droit subjectif de faire la fête par médiation. Une telle permission juridique n'en demeure pas moins rigoureusement encadrée par le droit dans son exercice.

B. Un droit de faire la fête rigoureusement encadré

C'est un lieu commun, la fête, dans la mesure où elle revêt une dimension intrinsèquement subversive, occasionne parfois des débordements. C'est notamment le cas des rassemblements festifs dans les espaces publics. Outre qu'ils génèrent des tensions entre les fêtards et les riverains, ils s'apparentent bien souvent à des occupations non autorisées et, par conséquent, illégales du domaine public. Les free parties et, plus récemment, les rassemblements Facebook, dits « apéros géants », en sont des illustrations éclatantes. Tandis que la plupart du temps les mairies et les préfectures rejettent les demandes d'organisation de free parties sur leur territoire, les « adeptes » de ces manifestions perçoivent le recours à l'illégalité comme la seule réponse réaliste à leur quête de liberté[157]. Normand Fillon écrit à leur propos : *« ils apparaissent comme la manifestation concrète d'une histoire de liberté, d'une prise de liberté dans l'espace public et de l'espace public. Non pas seulement un usage de l'espace public mais une appropriation. C'est pourquoi, parce qu'il s'agit d'une appropriation et d'une histoire de pouvoir et de liberté, les rassemblements que nous avons examiné sont des surgissements illégaux et non autorisés »*[158]. De tels rassemblements sont au surplus générateurs d'accidents en raison d'une consommation excessive d'alcool et/ou de drogues et, de ce fait, posent problèmes du point de vue de la sécurité des personnes. 50 comas éthyliques ont ainsi été comptabilisés lors d'un apéro géant organisé dans la Loire en novembre 2010. Plus récemment, un jeune homme décédait à Nantes, où se trouvaient regroupées 9000 personne sur la place Royale, en tombant d'une rambarde alors qu'il avait 2,40 g d'alcool dans le sang[159]. Pire, les épisodes festifs ont par le passé pu être le

---

[157] FILLON (N), « Les surgissements festifs dans l'espace public », *op. cit.*, p. 38.

[158] *Ibid.* p. 34.

[159] Rapporté par JOBART (J-CH), « Les paradoxes des rassemblements Facebook. De l'ivresse de la fête à la sobriété du droit », *A.J.D.A.*, 2010, p. 1978.

théâtre d'affrontements violents. On songera, par exemple, à l'épisode sanglant du Carnaval de Romans. Le 15 février 1980, veille du mardi gras, le carnaval prend une tournure de guerre civile dans cette ville de 7000 habitants. Liés au montant particulièrement élevé des impôts royaux et aux rancœurs nourries vis-à-vis des guerres de religions, les affrontements, qui s'étendent aux villages alentours, font entre 1500 et 1800 morts, dont 30 dans la seule commune de Romans[160].

C'est pourquoi le droit, tout particulièrement le droit public, fixe des limites à la pratique des activités festives par un encadrement rigoureux de leur exercice. Parce qu'elle constitue un fait social dont la finalité consiste dans la préservation de la stabilité de l'organisation sociale établie, la fête ne saurait en effet échapper à la règle de droit. Symbolisée dans la mythologie grecque par Apollon dont l'influence apaisante équilibre les excès des fêtes de Dionysos[161], cette fonction d'encadrement des activités festives par le droit, qui sera longuement développée tout au long de cette journée d'étude, trouve à se manifester de plusieurs façons.

Tout d'abord, les autorités normatives s'efforcent de concilier, sous le contrôle du juge, la pratique de la fête avec des exigences constitutionnelles antinomiques telles que la sauvegarde de l'ordre public, qu'il s'agisse de questions de sécurité, de salubrité ou de tranquillité publique, le principe de laïcité et, plus largement, certains droits fondamentaux, à l'instar par exemple du droit de propriété ou du droit à la protection de la santé publique.

Dans la continuité de cette démarche de conciliation, le droit s'attache ensuite à sécuriser les épisodes festifs et à sanctionner, sur le terrain de la responsabilité administrative, les dommages occasionnés lors de leur déroulement.

Dans la mesure, enfin, où la fête n'échappe par à la logique du marché, se pose aujourd'hui de façon récurrente la question de la contractualisation de la fête.

---

160 Sur cet évènement historique, v. spéc. WATREMEZ (CH), *1580, Carnaval sanglant à Romans. Une lutte contre les paradis fiscaux*, La miramandole, 2010.

161 FAUCONNIER (B), « Le sens de la fête », *op. cit.*

Autant de problématiques auxquelles les communications à venir se proposeront, à n'en pas douter, de traiter de façon aussi conviviale qu'un colloque placé sous le signe de la fête peut le laisser espérer. Car aujourd'hui vous êtes nos convives ! Et dans la mesure où *« il n'y a pas de bonnes fêtes sans lendemain »*[162], si, tel Alfred de Musset, demain vous vous sentez triste comme un lendemain de fête, c'est que cette manifestation scientifique aura tenu toutes ses promesses.

---

162 Proverbe français.

Les limites à la fête

Jean-Victor MAUBLANC

*Doctorant en droit public à l'*UPPA

Membre de Pau Droit Public

Avant d'aborder le sujet qui m'est échu, j'aimerais, si vous le permettez, adresser quelques remerciements. A l'A2P et à son président tout d'abord, pour l'organisation de cette journée, qui s'annonce indiscutablement comme une grande fête. Aux membres – enseignants et secrétaires – des deux centres de recherche en droit public ensuite, pour le soutien prodigué à cet évènement. A tous les participants enfin, qui par leur nombre témoignent de l'intérêt – juridique ! – porté au thème de la fête.

Traiter des limites à la fête, qui plus est dès l'ouverture de cette journée, c'est endosser un rôle difficile, celui de l'oiseau de mauvais augure. C'est également, pour certains, soutenir une contradiction. Par essence, la fête est une transgression, une négation de limites. Emile Durkheim[163], Georges Bataille[164], Nietzsche[165] ou encore Freud[166] ont tous opposé la vie quotidienne, «*prise dans un système d'interdits*»[167] à l'exaltation,

---

[163] DURKHEIM (E), *Les formes élémentaires de la vie religieuse,* F. Alcan, Paris 1912, p. 313 et s.

[164] BATAILLE (G), *La part maudite. Essai d'économie générale,* Tome I. La Consumation, Edition de Minuit, Paris 1949, p. 160 et s.

[165] NIETZSCHE (F), *L'origine de la tragédie,* Mercure de France, Paris 1901, rééd. 1947, p. 48.

[166] FREUD (S), *Totem et tabou,* Payot, Paris 1824, rééd. p. 194.

[167] CAILLOIS (R), *L'homme et le sacré,* Leroux, Paris 1939, p. 125.

l'effervescence voire l'excès de la fête. La publicité vante d'ailleurs un report des limites de la fête[168], quand ce n'est pas une fête sans limites. Des nuits « *No limit* » prévues par les étudiants toulousains depuis plusieurs années[169] à la soirée « *American Borderline* » organisée le mois dernier par la discothèque basque La Nuba[170], le client se voit assuré que « *les pires excès sont permis* »[171].

La fête n'est pourtant pas anarchie. Bien au contraire, il s'agit, selon la formule de Freud, d'« *un excès permis, voire ordonné, la violation solennelle d'une prohibition* »[172]. Chez les indiens[173] comme chez les peuples africains traditionnels[174], toute réjouissance publique est indissociable d'un formalisme complexe et rigoureusement codifié. A l'opposé du spectre du temps, la « rave party »[175], symbole ultime de rébellion aux canons de la fête, n'échappe pas à un « *dispositif rituel* »[176].

Une fois admise l'existence de limites à la fête, se pose instantanément la question de leur nature. Une extraordinaire diversité succède alors au vide. Les prescriptions religieuses embrassent la totalité des aspects de la fête : objet (Noël célébrant

---

168 « *Le Macumba repousse encore les limites de la fête pour vous proposer une soirée comme vous n'en n'avez jamais vécu* », v. le site internet de la discothèque Le Macumba, http://macumba.net/agenda-details/725/scandal.html

169 La Dépêche du Midi, « Polémique autour d'une soirée étudiante « no limit » à Toulouse, 17 octobre 2013, disponible sur le site internet de la publication.

170 http://www.la-nuba.com/fr-american_borderline_3.html

171 *Ibid.*

172 NIETZSCHE (F), *L'origine de la tragédie*, Mercure de France, Paris 1901, rééd. 1947, p. 48.

173 LEVI-STRAUSS (C), *Tristes tropiques,* Plon, Paris 2001, spéc. p. 51-57. S'agissant plus spécifiquement des mayas, v. BAUDOT (G), et GILARD (J), « Présentation » in *La fête en Amérique latine,* Caravelle n°73, Presses universitaires du Mirail, Toulouse 1999, p. 6.

174 OGOT (B A) (dir.), *Histoire générale de l'Afrique,* Tome V., UNESCO, Paris 1998, p. 252 et s.

175 Egalement qualifiée, de façon évocatrice, « free party », v. KOSMICKI (G), *Free party : une histoire, des histoires,* Le mot et le reste, Paris 2013, p. 724.

176 HAMPARTZOUMIAN (S), *Effervescence techno : ou la communauté trans(e)cendentale,* L'Harmattan, Paris 2004, p. 132. V. également RACINE (E), *Le Phénomène techno,* Imago, Paris 2002, p. 40 et VIDELIN (J-C), « Le régime juridique des rave parties », *AJDA* 2004 p. 1070.

la naissance de Jésus-Christ pour les chrétiens), temps (fête du soleil à l'équinoxe d'Automne chez les incas[177]), lieu (édifices de culte notamment), rites, participants et même costumes (dans la plupart des sociétés d'Afrique sub-saharienne par exemple, certains masques ne servent qu'à des occasions uniques[178]). Au-delà des fêtes religieuses, l'existence comme le déroulement de la plupart des festivités dépendent de considérations financières. De même que la réduction des subventions des collectivités territoriales hypothèque la tenue de nombreuses festivités culturelles[179], l'étudiant palois est contraint d'adapter son comportement festif à son budget.

Face à ces enjeux, le droit apparaitrait presque comme une préoccupation secondaire, une variable d'ajustement dans l'équation de la fête. Ce serait commettre une très grave erreur. Ici comme ailleurs, organisateurs et participants sont soumis à des restrictions juridiques applicables à toute activité sociale. Pas plus qu'à l'occasion d'un marché aux puces, d'une compétition sportive ou d'un après-midi à la plage, l'ivresse publique manifeste, les nuisances sonores ou l'exhibition sexuelle n'est tolérée. Si, dans certains cas, le caractère absolu de l'interdit se justifie pleinement[180], il remet fondamentalement en cause l'existence même de la fête. Dénier à la fête des limites spécifiques, plus lointaines que celles des autres activités collectives reviennent à refuser à ce temps social sa nature dérogatoire de la routine quotidienne.

C'est en gardant à l'esprit cette interrogation existentielle – au sens propre – qu'il faut aborder la question des limites à la fête. Non sans inquiétude, nous constaterons dans un premier temps que le droit public[181] (droit administratif, mais également droit

---

177 MARMONTEL (J-F), *Les incas ou la destruction de l'Empire du Pérou,* Tome I., Locard et Davi, Paris 1821, p. 33 et s.

178 V. not. BARGNA (I), *La grande histoire de l'art – L'Afrique,* Le Figaro Collection Tome 14, Paris 2006, p. 12 et s.

179 Pour une illustration récente, cf. SALINO (B), « Un dernier Automne en Normandie », Le Monde 14 novembre 2014, p. 9.

180 Le viol par exemple.

181 Eu égard à l'intitulé du présent colloque, seront exclues les limites à la fête relevant du droit privé. V. pour une illustration originale de violation des stipulations d'un règlement de copropriété, Cass. civ. 3ème, 8 juin 2006, *Epoux*

pénal lorsqu"il s'avère utile à la préparation de la fête[182]) se montre largement indifférent au caractère festif d'un événement, lui imposant le noyau dur des restrictions applicables à toute activité sociale (§ 1). La survie de la fête reposera donc sur le second temps de notre réflexion, où nous rechercherons si, derrière cette neutralité affichée, le droit public repousse les limites pour que vive la fête (§ 2).

§ 1. Le droit public soumet la fête au noyau dur des limites du quotidien

Loin de faire l'objet d'un traitement particulier, la fête n'est bien souvent qu'une banale illustration des limites que pose le droit public à toute activité sociale (A), quand celui-ci ne se sert pas de la fête comme d'une occasion propice à la découverte de ces limites de droit commun (B).

A. Le droit public applique à la fête des limites de droit commun

L'occasion festive d'un évènement semble ne pas avoir d'incidence juridique particulière. Objet, temps, lieu, participants et déroulement de la fête sont essentiellement envisagés par le droit public sous l'angle du droit commun.

Tel est tout d'abord le cas de l'objet de la fête. Célébrer avec force (feux d'artifices) la mort de plusieurs dessinateurs du journal satirique Charlie Hebdo[183], comme en son temps les attentats du 11 septembre 2001[184], n'appelle pas seulement une condamnation morale. En vertu de l'article 421-2-5 du code pénal[185], « *le fait de*

Amsellem, req. n°05-14.774 ; *AJDI* 2007 p. 311.

[182] Si le droit pénal peut, dans son entier, être regardé comme une discipline de droit public, il ne nous intéresse ici que dans la mesure où il permet la préparation de la fête, objet de la première partie de cette journée.

[183] JIMENEZ (F), « Les feux d'artifice de la honte », L'Est républicain, 9 janvier 2015, disponible sur le site internet du journal.

[184] V., en Allemagne, SCHNEIDER (P), « In Germany, Muslims grow apart », The New York Times 4 décembre 2005, disponible en ligne à l'adresse internet du journal.

[185] Introduit par l'art. 4 de la loi n°2014-1353 du 13 novembre 2014 renforçant les dispositions relatives à la lutte contre le terrorisme.

provoquer directement à des actes de terrorisme ou de faire publiquement l'apologie de ces actes est puni de cinq ans d'emprisonnement et de 75 000 € d'amende ». Bien que la fête puisse être regardée comme un puissant catalyseur de cette expression, seul l'usage des réseaux sociaux aggrave les sanctions précitées[186], pas le fait d'en faire une fête.

Le temps de la fête est également soumis dans une large part aux limites de la vie courante. C'est notamment au regard de la durée et des horaires de la fête que le juge administratif évalue l'existence d'une atteinte sérieuse à la tranquillité publique[187]. Pour autant, ce contrôle temporel des mesures de police administrative municipale[188] est également pratiqué pour les cris poussés par les enfants pendant les récréations[189], les sonneries des cloches d'églises[190], le meulage de métal dans un atelier de tôlerie[191] ou l'usage de motopompes dans un jardin familial[192].

Le lieu de la fête n'échappe pas à la règle. Pas de police des lieux de fête, mais une conjonction de règlementations qui trouvent à s'appliquer au sujet. La police des manifestations sur la voie publique, et plus largement la police de la circulation s'intéresse autant à la fête qu'aux défilés de majorettes et défilés historiques qu'évoquait le professeur Pierre Bon[193]. Les mesures de police de la conservation du domaine public, au premier rang desquelles l'exigence d'une autorisation administrative, s'imposent à toute activité dès lors qu'elle suppose l'occupation privative du domaine public[194]. Ce n'est pas non plus le caractère festif d'un

---

186 V. l'a. 2 de la disposition précitée.

187 V. not. CAA Douai, 25 mai 2004, *Commune de Vred*, req. n°01DA00264, *Rec.* p.493 ; *Collectivités territoriales Intercommunalité* n°7, Juillet 2004, comm. 145 note MOREAU.

188 Art. L. 2212-2 du code général des collectivités territoriales.

189 CAA Versailles, 26 juin 2014, *Mme B. D. et Mme D. E.*, req. n°12VE02158.

190 CAA Nantes, 21 février 2014, *M. F. A. et Mme B. G.*, req. n°12NT00123.

191 CAA Versailles, 15 mai 2012, *M. Rodolphe A.*, req. n°11VE03616.

192 CAA Nancy, 27 mai 2010, *Ville de Strasbourg*, req. n°09NC01238.

193 BON (P), *Police des autres activités s'exerçant sur les voies publiques,* Chapitre 3 (folio n°2268), Encyclopédie des collectivités locales juin 1999 (mise à jour mars 2005), n°57.

194 V., s'agissant d'un cirque itinérant, Cons. d'Et., 1er mai 1929, *Metbach, Rec.* p. 448.

événement mais la fréquentation et le type d'infrastructure qui conditionnent l'application de la police spéciale des établissements recevant du public[195]. Quant à la police des activités sportives et de loisirs[196], ou celle des spectacles et des jeux[197], il va de soi que son objet excède de beaucoup les seuls évènements festifs.

Les participants à la fête ne font pas non plus l'objet d'un régime dérogatoire. Si, en vertu de ses pouvoirs de police générale, le maire de Biarritz se doit d'assurer la sécurité des personnes participant ou assistant au carnaval[198], la règle vaut dans les mêmes conditions pour le baigneur[199] ou le simple promeneur[200]. La tenue de fête se heurte également aux limites applicables à tous. Comme l'avait appris à ses dépends un député britannique en vacances en France[201], le port en public d'un uniforme et d'insignes nazis constitue une contravention de cinquième classe[202]. L'occasion festive d'un tel travestissement n'y change rien, le code pénal n'excluant ces sanctions que lorsque le port est justifié par des considérations historiques[203].

S'agissant enfin du déroulement de la fête, la consommation d'alcool comme le bruit font l'objet de mesures de police. Pas, en soi, le fait de faire la fête. Lorsqu'un arrêté municipal interdit, pour une certaine période, la consommation d'alcool en soirée dans certains lieux publics, sont indistinctement concernés des

---

195 Art. R. 123-2 et s. du code de la construction et de l'habitation.

196 V., sur le sujet, BON (P), « Police des activités sportives et de loisirs », *in Police des activités et lieux susceptibles d'être dangereux,* Encyclopédie des collectivités locales, Chapitre 2 (folio n° 2523), mars 2006, n°2 et s.

197 ROUAULT (M-C), *Police des spectacles et des jeux, JCl. Administratif* fasc. 211, 28 septembre 2005 (mise à jour : 18 septembre 2011, spéc. n°33 et s.

198 CAA Bordeaux, 30 décembre 2005, *Société Chantiers modernes,* req. n°02BX01644.

199 V., parmi une jurisprudence pléthorique, CAA Marseille, 4 octobre 2012, *MAAF Assurances,* req. n°10MA01550.

200 V., par analogie, CAA Marseille, 19 juin 2014, *Mme D. E.,* req. n°12MA03846.

201 « Information judiciaire ouverte sur la soirée nazie d'un député britannique dans les Alpes », Le Monde 15 février 2012, disponible sur le site internet du journal.

202 Art. R. 645-1 du code pénal.

203 *Ibid.*

étudiants investissant le centre-ville pour se divertir et les sans-abris contraints d'y résider[204]. Quant aux nuisances sonores[205], le juge administratif ne condamnera pas différemment le bruit généré par une discothèque[206] de celui d'une salle de théâtre[207] ou de l'envol d'un avion supersonique[208].

Simple illustration des limites de droit commun, la fête est aussi – comble de l'ironie – prétexte à la construction de ces limites générales.

B. Le droit public construit des limites de droit commun à partir de la fête

La fête constitue, pour le droit public, un terreau propice à l'élaboration des restrictions valables pour toute activité sociale.

La jurisprudence en matière de police administrative en fournit probablement le meilleur exemple. La célèbre affaire du lancer de nains pratiqué par une discothèque d'Ile-de-France conduisit le Conseil d'Etat à intégrer parmi les composantes de l'ordre public la dignité de la personne humaine[209]. C'est sur ce précédent jurisprudentiel « festif » que le juge administratif s'est fondé pour interdire des évènements « non festifs » : distribution de soupe à base de porc aux personnes démunies[210] ou spectacle « Le Mur » organisé par M. Dieudonné M'bala M'bala[211]. Pour peu que l'on remonte dans le temps, l'on constate que le cas est tout sauf isolé. Il suffit de feuilleter le GAJA[212] pour mesurer l'apport

---

204 CAA Versailles, 8 octobre 2013, *La ligue des droits de l'homme*, req. n°12VE01617.

205 V. les art. R. 1334-31 et s. du code de la santé publique.

206 CAA Versailles, 9 avril 2013, *Commune d'Anthony*, req. n°12VE02010.

207 Cons. d'Et., 12 mars 1986, *Préfet de police de Paris c/ Metzler et autres,* req. n°52101, *Rec.* p.70.

208 TA Bordeaux, 7 avril 1967, *Commune d'Agen,* publié au recueil Lebon.

209 Cons. d'Et., 27 octobre 1995, *Commune de Morsang sur Orge*, req. n°136727, *Rec.* p. 372.

210 Cons. d'Et., ord., 5 janvier 2007, *Ministre de l'Intérieur c/ Association « Solidarité des Français »*, req. n°300311, *Rec.* T. p. 1013.

211 V. not. Cons. d'Et., ord., 9 janvier 2014, *Ministre de l'Intérieur c/ Société Les productions de la plume et M. M'Bala M'Bala*, req. n°374508, p.1.

212 LONG (M), WEIL (P), BRAIBANT (G), DELVOLVE (P) et GENEVOIS (B), *Les grands arrêts de la jurisprudence administrative,* 18ème édition, Dalloz, Paris 2011.

de la fête à la théorie générale de la police administrative. Dans le sillage de la loi de 1905 concernant la séparation des Eglises et de l'Etat, le contentieux des arrêtés interdisant sur la voie publique les processions, manifestations et cérémonies organisées à l'occasion des fêtes religieuses permit au juge administratif de préciser sa jurisprudence relative aux troubles à l'ordre public[213]. Sur la responsabilité, le célèbre arrêt *Epoux Lemonnier,*[214] avait pour origine un accident causé par l'une des attractions de la fête annuelle d'une commune dont le maire avait manqué à son obligation de veiller à la sécurité des voies publiques.

Si l'on quitte les rivages balisés de la police administrative pour s'aventurer dans la police judiciaire, le constat n'en est que renforcé. Bien qu'ici, la loi occupe traditionnellement une place bien plus essentielle que le juge dans la formation du droit, l'on peut substituer au GAJA les grands arrêts du droit pénal général[215]. La fameuse jurisprudence *Dame Le Roux* de la Chambre criminelle de la Cour de cassation[216], dont l'apport s'est révélé si fondamental quant aux limites des voies de droit offertes aux prévenus, avait pour origine l'ouverture, en violation d'un arrêté municipal, d'un bal public par la tenancière d'une salle spécialisée. C'est également la fête, et les violences qu'elle peut générer, qui permit à la Cour de cassation de clarifier les contours de la légitime défense[217]. C'est encore la fête qui conduisit la juridiction judiciaire suprême à préciser les critères d'engagement de la responsabilité du maire pour faute caractérisée[218]. Toujours la fête

---

213 V. SAINT-PAUL, concl. sur Cons. d'Et., 5 août 1908, *Morel et autres, Rec.* p. 858. Pour une synthèse, cf. les observations suivant CE, 19 février 1909, *Abbé Olivier,* GAJA req. n°19.

214 BLUM (L), concl. sur Cons. d'Et., 26 juillet 1918, *Epoux Lemonnier, Rec.* p. 761, *GAJA* req. n° 32. L'arrêt admet qu'une faute unique, due essentiellement au fait personnel d'un agent, entraîne la responsabilité du service comme de l'agent.

215 PRADEL (J) et VARINARD (A), *Les grands arrêts du droit pénal général,* 8éme édition, Dalloz, Paris 2012.

216 Cass. crim., 21 décembre 1961, *Dame Le Roux, Les Grands arrêts du Droit Pénal Général* n°8.

217 Cass. crim, 5 février 1979, Bull. crim. n°49. V. les observations sous Cass. crim., 21 novembre 1961, *Devaud, Les Grands arrêts du Droit Pénal Général* n°22.

218 Cass. crim., 18 juin 2002, req. n°01-86.539, *Les Grands arrêts du Droit Pénal Général* p. 557.

qui, par ses lieux, fut une source pénale de premier ordre pour définir le régime juridique applicable à la fermeture d'établissements[219].

Au terme de ce premier temps de la démonstration, un constat s'impose : pour le droit public, la fête n'est assurément pas cet instant de grâce, ce temps étranger aux restrictions et interdictions ordinaires. Toute spécificité n'est heureusement pas gommée, le droit public modulant certaines limites en faveur de la fête.

§ 2. Le droit public repousse les limites de la fête

Au sens propre, le droit public fait la fête. Dimanches mis à part[220], la matière prévoit pour ce temps social des limites plus éloignées que celles des autres activités collectives. L'on pourrait les regrouper en deux catégories : les jours de fête prévus par la loi, ou fêtes légales (A), et, dans une moindre mesure, les fêtes non qualifiées de telles (B).

A. Le droit public repousse largement les limites des fêtes légales

Les dérogations aux limites du quotidien prennent la forme d'autorisations, d'obligations et même d'interdictions.

Sur le premier point, seront seules évoquées quelques dérogations jouant au profit de la fête légale (les régimes de déclaration et d'autorisation administrative applicables à la fête font l'objet d'une intervention ultérieure). Par voie d'arrêté, il est d'usage que le pouvoir règlementaire atténue la rigueur des horaires d'ouverture et de fermeture des débits de boisson sur un territoire « *à chaque veille légale et jours férié* »[221]. C'est également à l'occasion « *d'une fête légale ou d'un événement national* » que, par exception, le chef d'établissement pénitentiaire peut décider de

---

219 Cass. crim., 9 décembre 1915, *Odouard, Les Grands arrêts du Droit Pénal Général* n°49. Cf. par ex. l'art. L. 3355-4 du code de la santé publique s'agissant des débits de boisson.

220 « Jour du Seigneur » pour les Chrétiens, il constitue selon nous le support de diverses fêtes religieuses ou non pas, en soi, une fête.

221 CAA Nantes, 5 juillet 2013, *M. B. A.*, req. n°11NT02108.

suspendre ou de dispenser une personne détenue de l'exécution de sa sanction[222].

Le droit public impose également des obligations en faveur de la fête légale. Fait impensable pour tout autre jour de l'année, son lieu, sa date, sa durée, son objet, parfois son déroulement, sont arrêtés par les textes. Le code de l'action sociale et des familles ne se contente pas de proclamer l'existence d'un journée consacrée à la célébration des mères sur le territoire de la République française, mais charge également le ministre chargé de la famille d'organiser cette fête « *avec le concours de l'union nationale des associations familiales* »[223]. La reconnaissance du particularisme du jour de fête s'étend même aux jours ordinaires entourant les jours de fête, générant de nouvelles obligations. En matière de procédure pénale, « *le condamné dont l'incarcération devrait prendre fin un jour de fête légale* (...) *sera libéré le jour ouvrable précédent* »[224]. Dans un registre radicalement différent, le code général des impôts prévoit aussi une prorogation de délais en cas de fête légale[225].

Bien que l'affirmation puisse sembler saugrenue, le report des limites en faveur de la fête prend le plus souvent la forme d'interdictions. L'on pense immédiatement à l'interdiction de travailler les jours de fête légale, qui trouve un fondement textuel en droit du travail[226]. L'étude ne portant que sur le droit public, cette prohibition ne sera ici évoquée qu'indirectement[227], lorsqu'elle se voit transposée au droit de la fonction publique civile ou militaire. Le code de la défense prévoit par exemple que les jours de fête légale ne viennent pas en déduction des droits à

---

222 Art. R. 57-7-60 du code de procédure pénale.

223 Art. R. 215-1 du code de l'action sociale et des familles. V., également l'art. D. 215-2 du même code fixant au « *dernier dimanche de mai* » le jour de la fête des mères.

224 Art. 716-3 du code de procédure pénale.

225 Art. 32 du code général des impôts, Annexe 1.

226 Art. L. 3133-1 du code du travail. Antérieurement, il faut rechercher des textes ponctuels, v. par ex. la loi du 12 avril 1941 relative à l'institution du 01-05 comme jour férié, fête du travail et de la concorde sociale, JORF 20 avril 1941 p. 1698.

227 Bien que la jurisprudence administrative n'hésite pas à se fonder si nécessaire sur le code du travail, v. par ex. Cons. d'Et., 3 mai 2005, *CFTC*, req. n°279999, *Rec.* p.1465.

permissions[228].

Si la spécificité des limites que pose le droit public aux fêtes légales joue largement en faveur de celles-ci, l'affirmation mérite d'être nuancée s'agissant des fêtes non prévues par la loi.

B. Le droit public repousse mesurément les limites des fêtes non prévues par la loi

Le traitement juridique réservé aux fêtes non prévues par la loi se révèle, à l'étude, très contrasté. Pour partie, le droit public repousse les limites de la fête ; dans une autre mesure, cette spécificité prend au contraire la forme d'un rapprochement des limites du quotidien.

S'agissant du report des limites de la fête, et en l'absence d'un régime général des fêtes non prévues par la loi, les hypothèses peuvent être classées en cinq cas, du plus général au plus circonstancié. Expression la plus vague qui soit, la « fête » peut être l'occasion d'un régime de faveur. Alors même qu'en principe, l'attribution en lot ou en prime d'animaux vivants est prohibée, la situation de fête lève l'interdiction pour les animaux d'élevage[229]. Plus précis, le cas de « fête traditionnelle » ou de « fête nouvelle » repousse aussi certaines limites. Lorsqu'un événement, se tenant légalement, est qualifié de tel[230], il n'est plus interdit « *d'offrir gratuitement, et à volonté, des boissons alcooliques dans un but commercial* »[231]. Troisième hypothèse (après la fête et la fête traditionnelle ou nouvelle), doit être évoquée la « fête publique ». Trompeur, l'intitulé confère l'illusion d'une situation vague, facilement remplie, alors que le législateur en donne une définition encore plus restrictive que celle de la fête traditionnelle[232]. Quoi

---

228 2° de l'art. R. 4138-17 du code de la défense.

229 Art. L. 214-4 du code rural et de la pêche maritime. Le texte vise également des hypothèses plus précises : « *foires, manifestations sportives, folkloriques et locales traditionnelles, concours et manifestations à caractère agricole* », v. la disposition.

230 Non sans mal, les textes en donnant une définition très précise. Il s'agit, selon l'article R. 3322-1 code de la santé publique, des fêtes ou foires « *consacrées aux produits traditionnels, dont l'organisation est intervenue au moins une fois tous les deux ans, durant au moins dix ans et pour la dernière fois il y a moins de cinq ans* ».

231 Art. L. 3322-9 du code de la santé publique.

232 « *L'expression " fête publique " doit être entendue dans le sens de manifestation nationale ou locale de tradition ancienne et ininterrompue* », QE n°12137, *JO Sénat*

qu'il en soit, une fois passé cet obstacle « qualificatif », c'est de façon dérogatoire que les débits de boissons ouverts à ces occasions « *échappent à la réglementation sur l'ouverture des débits de boissons* »[233]. Quatrième situation prévue par les textes, les fêtes traditionnelles consacrées à des boissons alcooliques locales. Devient par exemple possible la publicité en faveur de l'alcool[234]. Deux types de fêtes concluent cette typologie : la fête foraine et la corrida. Étonnamment riche et unifié, le régime des fêtes foraines repousse à de nombreux égards les limites de droit commun : inapplicabilité des contraintes inhérentes à la vente au déballage[235], possibilité (c'est en principe interdit) d'organiser des loteries[236], d'exploiter des machines à sous[237], etc. Quant à la corrida, elle n'existerait tout simplement pas si le code pénal n'autorisait pas, de façon extraordinaire, la « *participation d'animaux à des jeux et attractions pouvant donner lieu à mauvais traitements* »[238].

A côté de ce report des limites de la fête, existe – il serait malhonnête de vouloir le cacher – un rétrécissement de certaines d'entre elles. Sans reprendre chacune des catégories de fêtes non légales précédemment dégagées, l'on relèvera que le droit public soumet toujours la tenue d'un spectacle occasionnel[239], d'une fête

---

20/05/2004 p. 1068 ; Rép. min., *JO Sénat* 15/07/2004 p. 1587. Dans le cas de la fête traditionnelle, la tenue de l'évènement n'était pas exigée au-delà d'une dizaine d'année, v. ci-dessus.

233 QE n°12137, *JO Sénat* 20/05/2004 p. 1068 ; Rép. min., *JO Sénat* 15/07/2004 p. 1587. V. l'art. L. 3334-2 du code de la santé publique.

234 Art. L. 3323-2 du code de la santé publique.

235 Art. L. 310-2 du code de commerce

236 Art. L. 322-5 du code de la sécurité intérieure.

237 Art. L. 322-6 du code de la sécurité intérieure.

238 L'exception vaut également pour les combats de coqs. V. l'art. 521-1 du code pénal pour la dérogation et l'art. R. 214-85 du code rural et de la pêche maritime pour le principe applicable à la vie quotidienne, mais aussi aux autres fêtes.

239 ROUAULT (M-C), *Police des spectacles et des jeux*, *JCl. Administratif* fasc. 211, 28 septembre 2005 (mise à jour : 18 septembre 2011, spéc. n°33. L'article 13 de l'ordonnance n°45-2339 du 13 octobre 1945 relative aux spectacles, qui prévoyait l'exigence d'une autorisation municipale pour certains spectacles, a été abrogé par la loi du 18 mars 1999 portant modification de l'ordonnance n°45-2339 du 13 octobre 1945 relative aux spectacles.

traditionnelle[240] ou d'une fête nouvelle[241] et même d'une rave party[242] à déclaration ou autorisation préalable. Que, derrière l'apparente générosité du traitement juridique de la fête publique, des interdictions spécifiques portent sur les boissons pouvant être distribuées par les débiteurs de boissons[243]. Qu'enfin, les fêtes foraines sont soumises à des obligations de sécurité qui excèdent de beaucoup celles des autres fêtes, *a fortiori* celles des autres activités collectives[244].

Pour autant – et ce sera là la conclusion de mon propos – cet encadrement supplémentaire de la fête doit être regardé comme un moyen de garantir l'existence de la fête, pas comme une entrave à celle-ci. Sans lui, l'anarchie reprendrait ses droits et la fête s'évanouirait comme par enchantement !

---

240 Art. R. 3322-2 du code de la santé publique.

241 Art. L. 3322-9 du code de la santé publique.

242 Art. L. 211-5 du code de la sécurité intérieure. V. également le décret n°2002-887 du 3 mai 2002 relatif à certains rassemblements festifs à caractère musical et les circulaires du ministre de l'intérieur NOR/INT/D/02/00158/C du 24 juillet 2002 et NOR/INT/D/02/00172/C du 13 septembre 2002.

243 Art. L. 3352-5 du code de la santé publique.

244 Cf. not. la loi n°2008-136 du 13 février 2008 relative à la sécurité des manèges, machines et installations pour fêtes foraines ou parcs d'attractions, JORF n°0039 du 15 février 2008 p. 2778.

2ème PARTIE

Diversité de la fête

Fêtes et nations : tour du monde en vingt minutes

Pauline ESTANGUET

Doctorante en droit public à l'UPPA

Membre de Pau Droit Public

Francis Blanche, auteur, acteur et humoriste français disait « *Fêtes nationales ? Fêtes religieuses ? Le peuple n'est pas toujours tellement regardant, quant à l'origine de ses joies. Pourvu qu'il s'amuse, il n'en demande pas davantage* »[245]. En effet, la fête est de tout temps l'un des éléments fédérateurs d'une société. Un instant de célébration permettant au peuple, dans son ensemble ou pour partie, de rompre le quotidien et de renforcer le sentiment d'appartenance à une communauté en commémorant périodiquement un événement[246].

Le terme « fête »[247] apparaît vers 1050 et signifie à l'origine « *célébration faite à un jour marqué* » (Alexis, éd. Chr. Storey, 257) et s'écrit alors « feste ». Fête est tiré du latin populaire « festa », lui même neutre pluriel substantivé de l'adjectif « festus » qui signifie « *de fête* ». Le mot fête apparaît comme une ellipse de « festa dies », « *jour de fête* ». Au sens premier et de manière générale, le mot fête

245 BLANCHE (F.), *Evène*, http://evene.lefigaro.fr/citations/mot.php?mot=fete-nationale.

246 RIGHI (N.), « Un objet pour tous : la fête », *CAIRN*, http://www.cairn.info.rproxy.univ-pau.fr/revue-le-philosophoire-2002-2-page-149.htm.

247 « Définition de FETE », *CNRTL*, http://www.cnrtl.fr/definition/fete.

désigne l'ensemble des réjouissances de caractère commémoratif consacrées, de manière périodique ou non, à un événement et ensuite, par extension, le jour consacré à cette solennité. Ainsi, toutes les sociétés, qu'elles soient antique ou moderne, religieuse ou païenne connaissent des cérémonies organisées en l'honneur d'une divinité, d'un être ou d'un objet sacré. Dans les sociétés occidentales sécularisées, les fêtes chrétiennes telles que la Pentecôte et l'Assomption rythment encore l'année civile car ces jours sont souvent chômés, c'est-à-dire marqués par un repos légal. Des fêtes qui reviennent chaque année à la même date dont on dit qu'elles sont fixes contrairement aux fêtes mobiles qui, elles, dépendent de la date de l'événement.

La fête s'élabore autour d'un thème particulier et organise, sinon un désordre, du moins des dérogations à l'ordre, pour obtenir ou réactualiser dans la conscience collective l'assentiment à l'ordre préconisé. La fête joue de ce fait un rôle symbolique fondamental dans une société et peut prendre des formes diverses et variées. D'origines religieuses, culturelles ou historiques, certaines fêtes ont acquis au cours des siècles un caractère institutionnel et public, on parle de « fêtes légales ». La notion de « fête légale » se développe en France au cours du 19ème siècle. Ainsi, la loi du 48 germinal an X - 2 avril 1802 - statue qu'aucune fête, à l'exception du dimanche, ne peut être fixée sans la permission du gouvernement. Parmi les fêtes légales, le nombre de fêtes religieuses est ramené à quatre durant le Concordat (Toussaint, Noël, Ascension, Assomption) et le nombre de fêtes civiles augmente peu à peu.

Aujourd'hui, on compte en France très exactement onze jours fériés qui sont légalement définis par l'article L. 3133-1 du code du travail et correspondant aux fêtes religieuses et civiles célébrées. Alors que les dictionnaires de termes juridiques font l'équivalence entre jour férié et fête légale (un terme renvoyant à l'autre), le jour férié correspond au support chronologique alors que la fête légale désigne l'événement lui-même, plusieurs fêtes légales pouvant se produire un même jour férié. Le 1er mai, jour de la fête du Travail, est en France le seul jour férié obligatoirement chômé (article L. 3133-42 du code du travail) et payé (article L. 3133-53 du code du travail). Les autres jours fériés ne sont pas obligatoirement chômés, sauf dispositions contraires des conventions collectives applicables dans les entreprises. Parmi les fêtes civiles reconnues sur le territoire français, on compte la Fête nationale du 14 juillet célébrant la prise de la Bastille du 14 juillet 1789, symbole de la Révolution française. Après le traditionnel défilé militaire sur les Champs Élysées, la réception dans les jardins présidentiels et le fameux feu d'artifice, la population se retrouve sur les places publiques pour de grands bals populaires.

Notre fête nationale a été instituée par la loi en 1880, en référence à une double date, celle du 14 juillet 1789, date de la prise de la Bastille, jour symbolique entraînant la fin de la monarchie absolue, suivi de la fin de la société d'ordres et des privilèges, et celle du 14 juillet 1790, jour d'union nationale lors de la Fête de la Fédération. On désigne particulièrement sous le nom de Fête de la Fédération la fête qui fut célébrée au Champ-de-Mars de Paris, le 14 juillet 1790, premier anniversaire de la prise de la Bastille[248]. Louis XVI assista à cette fête et y prêta serment à la Nation et à la loi. L'Assemblée voulait que cette première commémoration du 14 juillet 1789 soit la fête de la réconciliation et de l'unité de tous les Français. En 1879, la IIIe République naissante cherche une date pour servir de support à une fête nationale et républicaine officiellement reconnue. Après que d'autres dates eurent été envisagées, le député Benjamin Raspail dépose le 21 mai 1880 une proposition de loi tendant à adopter le 14 juillet comme jour de fête nationale annuelle. Si le 14 juillet 1789 (prise de la Bastille) est jugé par certains parlementaires comme une journée trop sanglante, la Fête de la Fédération du 14 juillet 1790, elle, permet d'atteindre un consensus. Cette date à double acception permet d'unir tous les républicains. La loi est adoptée par l'Assemblée le 8 juin et par le Sénat le 29 juin. Elle est promulguée le 6 juillet 1880 et précise simplement que « *La République adopte le 14 juillet comme jour de fête nationale annuelle* ». L'année 1789 (prise de la Bastille chère aux républicains) ou 1790 (Fête de la Fédération chère aux conservateurs) n'ayant jamais été officiellement citée afin de satisfaire les deux courants de l'époque.

Plus généralement, la fête nationale commémore un événement historique, politique ou culturel lié à l'histoire de l'État. Dans

248 RIGHI (N.), « Un objet pour tous : la fête », *CAIRN*, http://www.cairn.info.rproxy.univ-pau.fr/revue-le-philosophoire-2002-2-page-149.htm.

la majorité des pays, la fête nationale marque la naissance de la nation comme : l'indépendance, notamment vis-à-vis des anciennes puissances coloniales européennes, comme aux États-Unis et dans la plupart des pays américains et africains ; l'unification de plusieurs territoires pour former un pays, comme au Canada (création de la Confédération canadienne) ou en Suisse (Pacte fédéral). Souvent, cette fête commémore l'avènement d'un système politique auquel la nation s'identifie : l'émancipation vis-à-vis du souverain comme en France (Révolution française) ; la prestation de serment du premier souverain comme en Belgique ; la proclamation de la République comme en Inde ou en Chine. Dans certaines régions ou territoires qui n'ont pas la pleine souveraineté, la fête nationale peut souligner l'identité d'une nation ou d'un peuple, ou encore l'autonomie d'un gouvernement local. C'est le cas au Québec, en Catalogne ou en encore en région wallonne. La plupart des pays ont adopté la tradition d'une fête nationale et valorisent cette fête par des célébrations diverses : défilés militaires (c'est le cas du 21 juillet à Bruxelles, du 2 juin à Rome et du deuxième samedi de juin à Londres) ; feux d'artifice (c'est le cas du 1er juillet au Canada, du 4 juillet aux États-Unis et du 26 janvier en Australie) ; sons et lumières ; allocutions de dirigeants politiques ; feux de joie (1er août en Suisse). La fête nationale est généralement un jour férié, chômé et payé. Il fait partie des symboles de la souveraineté ou de l'identité nationale.

En faisant un tour d'horizon des différentes fêtes nationales célébrées à travers le monde, il reste néanmoins impossible de dresser une étude comparée des fêtes nationales et en tirer un régime commun, pour la simple et bonne raison que la conception de la fête nationale diffère selon les Etats et ce à deux titres. D'une part, parce que la conception de la fête nationale varie selon l'histoire de l'Etat et que tous les Etats ne commémorent pas un événement politique comme cela peut être le cas en France (§ 1). D'autre part, parce que la conception de la fête nationale est fonction de la conception que peut présenter un Etat de la nation (§ 2).

§ 1. Le choix de l'événement commémoré fonction de l'histoire de l'Etat

L'objet de la commémoration choisit par l'Etat pour célébrer sa ou ses fêtes nationales est inévitablement fonction de son histoire. La fête nationale étant un jour de mémoire et de communion d'une nation, cet objet de commémoration joue un rôle unificateur. Chaque citoyen doit pouvoir se retrouver dans l'événement commémoré annuellement, un événement déterminant dans l'évolution de l'Etat. Si certains choisiront de célébrer un événement historique ou politique (A), d'autres privilégierons un objet de célébration à caractère religieux ou culturel (B).

A. Célébrer un événement historique ou politique

Le choix d'un événement historique ou politique revêt un caractère symbolique très fort. Il permet à la nation de se souvenir annuellement du chemin parcouru à travers les siècles et des erreurs du passé à ne pas reproduire. C'est le choix qui s'est notamment imposé presque naturellement aux Etats-Unis d'Amérique. Le Jour de l'Indépendance est la fête nationale des États-Unis, commémorant la Déclaration d'indépendance du 4 juillet 1776, vis-à-vis du Royaume de Grande-Bretagne. Ce jour est l'occasion de fêtes et de cérémonies célébrant l'histoire du pays, son gouvernement et ses traditions. La première motion concernant l'indépendance a été débattue dès le 4 juin 1776 au Congrès continental. Après de longs débats, le Congrès vote de façon unanime, mais secrètement, l'indépendance vis-à-vis de la Grande-Bretagne le 2 juillet et désigna Thomas Jefferson pour écrire une ébauche de déclaration. Le Congrès retravaille l'ébauche jusqu'à environ 11 heures, le 4 juillet, quand treize colonies votent pour son adoption. Philadelphie célébra la Déclaration par des lectures publiques et des feux de joie. Certainement, le vote du 2 juillet était l'acte décisif. Mais le 4 juillet est la date où, comme édicté par le Congrès, les Philadelphiens entendirent pour la première fois des informations concrètes quant à l'indépendance. Bien que le 4 juillet soit une sorte d'icône pour les Américains, certains clament que la date est arbitraire. En effet, les Néo-Anglais se sont battus contre les Britanniques dès avril 1775.

En Allemagne, le jour de l'Unité allemande est la fête nationale et est célébrée depuis 1990 le 3 octobre, jour anniversaire de la réunification du pays. C'est en Allemagne le seul jour férié en application du droit fédéral, tous les autres sont fixés par les droits régionaux. Avant 1990, la fête nationale de la République fédérale était célébrée le 17 juin en souvenir des émeutes de 1953 à l'Est, et celle de la République démocratique allemande était le jour de la République, célébré le 7 octobre. En réalité, la République démocratique allemande institua en 1950 deux fêtes nationales : le jour de la Libération du peuple allemand du fascisme hitlérien, plus couramment appelé le jour de la Libération, célébré le 8 mai afin de commémorer la capitulation sans condition de la Wehrmacht en 1945 et la fin de la Seconde Guerre mondiale en Europe ; le jour de la République, célébré le 7 octobre pour commémorer la fondation de la République en 1949. Le jour de la Libération ne fut plus considéré comme une fête nationale à partir de 1967. Lors de la Réunification, la date du 9 novembre fut proposée comme nouvelle fête nationale en souvenir de la Chute du mur de Berlin, mais elle fut rejetée car c'était également la date anniversaire de la Nuit de Cristal en 1938 et celle de la chute de l'Empire en 1918. Le 3 octobre, date de la réunification, fut finalement choisi dans l'article 2 du traité d'unification. Pourquoi le 3 octobre ? Il faut lire la biographie non-autorisée « *Père de la Réunification* », de l'ex-chancelier Helmut Kohl, au pouvoir de 1982 à 1998, pour trouver un semblant d'explication des plus cocasses. Helmut Kohl explique avoir contacté le service météorologique allemand pour savoir quelle date serait la plus adaptée pour avoir du soleil ce jour-là.

En Russie, le 12 juin est célébrée la fête nationale appelée Jour de la Russie. La fête est célébrée tous les ans, depuis 1994, le jour de l'adoption de la Déclaration de Souveraineté de la Russie (au cours du premier congrès des députés du peuple de la RSFSR - République socialiste fédérative soviétique de Russie, le 12 juin 1990). Néanmoins, tous les citoyens russes ne considèrent pas le 12 juin comme leur fête nationale et ne s'identifient pas réellement pas à cet événement historique. Tout d'abord, parce que la nostalgie de l'époque soviétique est encore forte, estime Léonid Poliakov, directeur de la chaire de politologie générale au Haut Collège d'Economie. Selon lui, « *Le 12 juin est une date difficile à comprendre adéquatement. Alors que la Russie était encore une des républiques de l'URSS, elle a proclamé son indépendance. Et les tentatives pour associer la Journée de la Russie actuelle aux événements du passé soviétique sur fond de nostalgie de l'URSS compromettent et discréditent la date même. Une partie de la société contemporaine considère la désintégration de l'URSS comme une immense tragédie humaine et géopolitique. Et pourtant c'est bien à cette date que nous associons la constitution de la Russie souveraine. C'est en cela que réside la principale contradiction* »[249].

Néanmoins, comme nous pouvons le constater, le choix d'un événement historique ou politique peut s'avérer cornélien, très controversé et surtout différent en fonction des Etats. Certains Etats préfèrent alors célébrer un événement à caractère culturel ou religieux qui peut se révéler plus « fédérateur » au sein de certaines nations.

B. Célébrer un événement culturel ou religieux

Certains Etats préfèrent célébrer à l'occasion de leur fête nationale un événement religieux ou même culturel. Ceci dépend très largement de l'histoire de l'Etat et des événements marquants qui ont contribué à son évolution. Ainsi, La Fête Nationale du Portugal est célébrée le 10 juin de chaque année, elle correspond à l'anniversaire de la mort du poète Luís de Camões en 1580 et considéré comme le plus grand auteur de la littérature portugaise. Ce célèbre poète a notamment écrit le poème intitulé « Os Lusiadas » en 1556 en hommage aux premiers habitants du pays et à leurs conquêtes autour du monde. Lors de la proclamation de la République en 1910, cette date fut choisie pour être celle de la fête nationale du Portugal. C'est sous la dictature, débuté en 1933, que ce jour devient férié national, afin d'augmenter l'enthousiasme populaire pour la nation. C'est une manifestation itinérante qui chaque année se déroule dans une ville différente.

Autre illustration, trois des nations constitutives du Royaume-Uni – le Pays de Galles, l'Angleterre et l'Écosse – célèbrent leur propre fête nationale les jours de leur saint patron. Respective-

---

249 KHARLAMOV (L.), « La jour de la Russie : une fête à l'histoire mouvementée », *Sputniknews*,

http://fr.sputniknews.com/french.ruvr.ru/2013_06_12/Journee-de-la-Russie-une-fete-a-l-histoire-mouvementee-7714/.

ment le 1er mars la fête de Saint-David-de-Galles, le 23 avril la fête de Saint-Georges, et le 30 novembre la fête de Saint-Andrew. Mais ces trois fêtes ne sont pas jours fériés officiaux. La fête de Saint-David est une fête chrétienne qui célèbre Saint David (c. 500-589), le saint patron du Pays de Galles, le 1er mars, date de sa mort. Depuis le XVIIIe siècle, c'est une fête nationale au Pays de Galles. Selon un sondage publié en 2006, 87% des Gallois veulent que ce jour soit férié. En 2007, le Premier ministre Tony Blair a rejeté une pétition pour accorder le statut de jour férié. Le 23 avril est célébrée la Saint Georges, le saint patron anglais. C'est donc la fête nationale de l'Angleterre. D'origine palestinienne, Georges est un officier de l'armée romaine torturé et mis à mort, au début du IVe siècle. Il est fêté le 23 avril et considéré comme un martyr. Très rapidement, on érige des lieux de culte à sa mémoire. Il est devenu le saint patron de l'Angleterre sous Édouard III, le fondateur de l'Ordre de la Jarretière. Saint Georges est célébré partout en Angleterre, mais ce n'est pas pour autant un jour férié. La fête nationale de l'Ecosse est célébrée le jour de la Saint Andrew, le 30 novembre. Saint Andrew est l'un des 12 apôtres du Christ. La croix de supplice sur laquelle il a été crucifié aurait été en forme de X, ce qui a donné le nom de croix de Saint Andrew. La croix de Saint Andrew est devenue l'emblème national de l'Ecosse depuis l'époque médiévale.

Qu'il s'agisse ainsi d'un événement historique, politique, religieux ou même culturel, la nation célèbre toujours une date clé dans son histoire. Un devoir de mémoire qui fédère la nation et permet à ses membres de renforcer le sentiment d'appartenance à une communauté ou plusieurs communautés. Car si en France l'Etat ne reconnaît qu'une seule et même nation, d'autres Etats ont une conception de la nation bien différente de la nôtre et de ce fait, reconnaît une pluralité de nations et donc de fêtes nationales.

§ 2. La pluralité de fête nationale fonction de la conception de la nation

La nation désigne un groupe d'hommes dont les membres sont unis par une origine réelle ou supposée commune et qui sont organisés primitivement sur un territoire[250]. Partant de cette conception large de la nation, on peut supposer que plusieurs nations historiques vivent sur le même territoire d'un Etat. Les termes de nation et Etat sont donc parfaitement dissociés et l'Etat peut reconnaître l'existence de plusieurs nations et donc la célébration de fêtes nationales à plusieurs niveau : national, régional, ou même local (A). D'autres pays, et la France en est assurément l'exemple le plus probant, ne distinguent pas Etat et nation, les deux se confondent soit parce que l'État préexiste à la nation, et s'y développe un sentiment nationaliste ; soit parce que les individus qui se reconnaissent d'une même nation manifestent leur volonté de vivre ensemble en se dotant d'un État (B).

A. Les Etats reconnaissant une pluralité de nation

La Fête du Canada, autrefois nommée le Jour de la Confédération, est la fête nationale du Canada commémorant l'indépendance du pays le 1er juillet 1867, vis-à-vis du Royaume-Uni. Elle concerne toutes les institutions fédérales. Des spectacles, des défilés et des feux d'artifices sont alors organisés à travers tout le pays pour célébrer l'événement. Néanmoins, ce n'est pas la seule fête nationale officiellement reconnue au Canada. Ainsi, au Québec, province canadienne, la Fête nationale du Québec (couramment appelée la « Saint-Jean-Baptiste » pour des raisons historiques) a été officiellement adoptée par l'Assemblée nationale du Québec en 1977, en guise de reconnaissance de la nation québécoise. Elle a lieu le 24 juin, date à laquelle est célébré le saint-patron des Canadiens français, saint Jean le Baptiste. En vertu de la Loi sur la fête nationale, le 24 juin est une journée fériée et chômée au Québec. Bien qu'elle soit toujours la fête des Canadiens français, la Saint-Jean-Baptiste devient, plus généralement, la fête de tous les Québécois et non plus uniquement celle des Québécois d'origine canadienne-française et catholique. Par les actions de la Société Saint-Jean-Baptiste et du Mouvement national des Québécois principalement, la fête s'est graduellement laïcisée. Malgré tout, la fête demeure toujours l'occasion d'un grand festival

---

250 « Définition de NATION », *CNRTL*, http://www.cnrtl.fr/definition/nation.

culturel dont les Québécois profitent pour manifester leur existence au monde et leur sentiment d'appartenance au Québec.

En Belgique, la fête nationale est célébrée le 21 juillet, depuis une loi du 27 mai 1890. Cette journée commémore le serment prêté, le 21 juillet 1831 par Léopold de Saxe-Cobourg, premier roi des Belges, de rester fidèle à la Constitution. Le serment du roi marquait le début d'une Belgique indépendante, sous le régime d'une monarchie constitutionnelle et parlementaire. La Belgique est un État fédéral depuis 1993 et composé de différentes entités fédérées. La Constitution décrit la Belgique de la façon suivante : « *Art. 1 La Belgique est un État fédéral qui se compose des communautés et des régions. ; Art. 2 La Belgique comprend trois communautés : Communauté française, Communauté flamande et Communauté germanophone. ; Art. 3 La Belgique comprend trois régions : la Région wallonne, la Région flamande et la Région bruxelloise. ; Art. 4 La Belgique comprend quatre régions linguistiques : la région de langue française, la région de langue néerlandaise, la région bilingue de Bruxelles-Capitale et la région de langue allemande* ». Si la Constitution belge n'utilise pas explicitement le terme de « nation », l'Etat belge reconnaît trois communautés distinctes avec une langue et une culture propres. De ce fait, chacune de ces communautés dispose de sa propre fête nationale célébrant un événement historique qui lui est cher. Ainsi, en région wallonne, la Fête de la Région wallonne, créée en 1923 sous l'impulsion du militant wallon François Bovesse, est célébrée depuis un décret du 8 août 1998. Elle a lieu le 27 septembre et commémore la participation des Wallons à la Révolution belge de 1830. La Fête de la Communauté Flamande est célébrée tous les ans le 11 juillet. Cette fête commémore la Bataille des Eperons d'Or de 1302 qui a opposé les milices flamandes aux troupes du Roi de France. Enfin, la communauté germanophone de Belgique dispose également de sa propre fête qui se déroule le 15 novembre. Cette date a été choisie car c'est, dans le calendrier liturgique germanique, la Saint Léopold du nom du premier roi de Belgique. Ces trois fêtes ne sont pas officiellement reconnus comme des jours fériés en Belgique. Néanmoins, toutes les institutions officielles et administrations de la région concernée ainsi que les écoles sont fermées pour l'occasion.

La fête nationale espagnole ou Jour de l'Hispanité est célébré le 12 octobre en Espagne en commémoration de la découverte de l'Amérique par Christophe Colomb et les rois catholiques après la signature des capitulations de Santa Fe. Le Jour de l'Hispanité a été légalement reconnu en Espagne sous le régime franquiste, par un décret de la présidence du gouvernement du 9 janvier 1958 qui a établi : « *Vu l'énorme importance historique que signifie pour l'Espagne et pour tous les peuples de l'Amérique hispanique, le 12 octobre sera festivité nationale, sous le nom de Jour de l'Hispanité* ». En 1981, après la restauration de la monarchie et l'entrée en vigueur de la Constitution espagnole de 1978, l'arrêté royal 3217/1981 a officialisé la date du 12 octobre comme fête nationale et Jour de l'Hispanité. En Catalogne espagnole, la Diada Nacional de Catalunya est la fête nationale de Catalogne et jour férié depuis son officialisation par une loi du Parlement de Catalogne en 1980, confirmée par les articles 8.1 et 8.3 du Statut d'autonomie de 2006. Elle est célébrée le 11 septembre, date à laquelle l'an 1714 la ville de Barcelone assiégée durant quatorze mois par les troupes de Philippe V d'Espagne a été vaincue (siège de Barcelone). Cette bataille mit fin à l'indépendance politique de la Catalogne. Elle a été célébrée clandestinement sous le gouvernement de Franco et célèbre chaque année la nation catalane. D'ailleurs, le statut autonome de 2006 désigne la Catalogne comme une nation.

Certains Etats n'hésitent pas à reconnaître l'héritage historique des siècles passés et donc l'idée que plusieurs nations puissent résider sur leur territoire. De ce fait, ils ont admis la pluralité de fêtes nationales sur leur territoire. Néanmoins, ce n'est pas le cas dans tous les pays du monde. Certains font fi de cet héritage historique et considère qu'il ne peut exister qu'une seule et unique nation au sein de leur territoire.

B. L'exemple français d'un Etat reconnaissant une seule et unique nation

La France fait incontestablement office d'exception dans la conception que peuvent livrer les Etats de la fête nationale. Tandis que certains Etats reconnaissent l'existence de plusieurs nations au sein de leur territoire et donc autorisent légalement la célébration de fêtes nationales à un niveau plus local, la France, elle, s'y refuse. En effet, la France, de tradition républicaine unitaire considère qu'il ne peut exister plusieurs nations. La France dispose d'une seule et unique nation comme l'affirme la Constitution. Cette situation pour le moins artificielle permet de maintenir une certaine unité au sein de notre Etat. Pourtant, historiquement, plusieurs nations vivent sur le territoire français. Certaines d'entre elles continuent de cultiver leur spécificité en célébrant leur propre fête nationale, même si cette dernière n'est pas officiellement et juridiquement reconnue par l'Etat. C'est le cas en Corse, en Bretagne ou encore en Lorraine.

Depuis 1735, le 8 décembre est la date de A festa di a Nazione, la fête de la nation Corse. Cette date marque l'élaboration de la constitution corse. A cette occasion, l'île fut placée sous la protection de la Vierge Marie que l'on fêtait alors le 8 décembre. Pour en comprendre l'origine, il faut remonter en 1729. La Corse est alors sous domination génoise, mais la révolte s'amorce dans la région du Boziu. Les combats font rage pour chasser l'occupant et la rébellion s'étend rapidement à toute la Corse. Mais Gênes n'en reste pas là et fait appel à ses alliés que sont la France et l'Autriche pour reconquérir la Corse. Ses tentatives militaires prendront fin le 30 janvier 1735, avec l'adoption d'un règlement établissant la séparation définitive de Gênes avec la Corse. Ce document jette les bases de la future constitution corse, l'île est proclamée indépendante. La Corse devient ainsi la première nation du monde à adopter une constitution basée sur la séparation des pouvoirs et le suffrage universel, et inspire la constitution des Etats-Unis d'Amérique datant de 1787. Cette fête est prévue par l'article 1er de la Consulte le 30 janvier 1735.

La Fête de la Bretagne est une période de festivités gérée de manière intermittente par des associations depuis plus de 80 ans et dont l'organisation officielle a été prise en main par le conseil régional de Bretagne en 2009. La fête de la Bretagne se situe autour du jour de la Fête de la Saint-Yves (le 19 mai), et consiste en plusieurs activités culturelles organisées en Bretagne (Bretagne historique des cinq départements), ainsi qu'à l'étranger. La Fête de la Saint-Yves se fête tous les ans le 19 mai en l'honneur de Saint Yves, patron des Bretons. À l'exemple de régions proches, comme l'Irlande ou le Pays-de-Galles, le mouvement régionaliste breton a longtemps cherché à promouvoir une fête qui serait propre à la Bretagne. Le 13 mars 1932, le Gorsedd de Bretagne et la Fédération des Cercles celtiques, réunis dans un congrès commun à

Nantes, votèrent un vœu pour que la « fête nationale de la Bretagne » soit fixée au 19 mai.

En Lorraine, une fête nationale aujourd'hui non officielle, le 5 janvier, commémore la bataille de Nancy gagnée en 1477 contre le duché de Bourgogne occupant. Cette fête est de nos jours très peu marquée car peu connue. Elle ne concerne d'ailleurs pas la région Lorraine actuelle, mais l'ancien duché de Lorraine. Elle était officielle avant 1737, date à laquelle, la France a pris les rênes du pouvoir officieusement en Lorraine, et à laquelle, le chancelier a interdit cette célébration ancestrale. Aujourd'hui, chaque 5 janvier, un cortège rejoint en soirée la place de la Croix-de-Bourgogne à Nancy, pour écouter une harangue relatant les événements de la bataille.

Après ce tour du monde express de vingt minutes, force est de constater que la diversité des fêtes nationales célébrées au cour de l'année à travers la planète ne nous permettent pas de dresser des caractéristiques communes ou un régime juridique commun. D'une part, parce que les événements fêtés à travers le monde sont de nature diverse et variée : historique, politique, culturel ou religieux. D'autre part, parce que chaque Etat présente sa conception de la nation et donc de la fête nationale. Certains pays distinguent Etat et nation et reconnaissent plusieurs nations au sein de leur territoire. Ils admettent alors une pluralité de fêtes nationales. Tandis que d'autres pays, que l'on qualifiera d'Etats-nations, ne distinguent pas ces deux concepts, ils n'admettent l'existence que d'une seule et unique nation et donc d'une seule et unique fête nationale.

Mais toutes ces célébrations ont en commun qu'elles permettent aux nations qui les honorent de se rappeler, de se réjouir et de renforcer le sentiment d'appartenance de leurs membres à une communauté.

Allah, Jésus, Yahvé et le service public, faire la fête entre laïcité et liberté des cultes

Elie GUERRERO

Doctorant en droit public à l'UPPA

Membre de l'IE2IA

En 1997, Frédéric Beigbeder écrivait dans *L'amour dure trois ans* que « les plus belles fêtes sont celles qui ont lieu à l'intérieur de nous »[251]. S'agissant des fêtes religieuses, tout serait si simple, en effet, pour le législateur et le juge, si elles ne débordaient jamais du cadre intime.

Hélas, ou heureusement, tout dépend de la sensibilité de tout un chacun, celles-ci s'en extirpent bien souvent pour déborder dans la sphère publique. Pour s'en assurer, il suffit d'observer nos villes, se parant de leurs plus beaux atours pour les fêtes de Noël, ou d'allumer son téléviseur HD pour voir apparaitre des publicités pour les jouets en fin d'année, ou pour les chocolats au moment des fêtes de Pâques.

Autre preuve un peu moins visible, peut-être, nous aurons tous eu entre les mains, en ouvrant notre boite aux lettres, un prospectus de grande enseigne proposant des offres exceptionnelles pour la fête du Ramadan.

---

251 BEIGBEDER (F.), *L'amour dure trois ans*, Grasset, 1997, p.88

Les fêtes religieuses se préparent, donc, avant de se fêter ensuite. Et c'est justement cette « préparation » de la fête religieuse qui va occuper notre étude.

Qu'entendre par « préparation » ? Et bien, il s'agit tout bonnement de tout ce que l'Etat va devoir garantir, a priori, afin de permettre aux administrés de pouvoir faire la fête, car c'est à lui qu'incombe la tâche de mettre en œuvre la liberté d'opinion « *même religieuse* » de tout individu, érigée en valeur fondamentale de notre démocratie par l'article 10 de la Déclaration des droits de l'Homme de 1789.

Liberté de religion, donc, dont le juge administratif précise, à jurisprudence constante, qu'elle doit s'entendre, selon les termes de la Convention européenne des droits de l'Homme de 1950, comme impliquant *« la liberté de manifester sa religion individuellement ou collectivement, en public ou en privé, par le culte, l'enseignement, les pratiques et l'accomplissement de rites »*. Il la reconnait même comme une liberté fondamentale au sens de l'article L. 521-2 du Code de justice administrative[252]. Nous sommes bien là au cœur du sujet.

Chacun doit, par conséquent, pouvoir fêter son Dieu, ce qui occupe parfois une journée entière, bien définie par le texte sacré.

Mais voila, il arrive bien souvent que ce jour précis coïncide avec un jour de travail normal.

Le salarié doit ainsi avoir la possibilité de s'absenter afin de participer à la fête. Des aménagements peuvent alors être prévus par l'employeur, mais, pour autant, qu'en est-il de l'agent du service public ?

Il est communément admis que, depuis la Révolution française, l'idée d'une séparation de l'Eglise et de l'Etat a fait son chemin, avant d'être parachevée en 1905, par la loi du 9 décembre, puis en 1958, avec l'inscription du mot « laïque » au sein de l'article 1er de la Constitution du 4 octobre qui énumère les grands principes fondements de la Vème République. Enfin, le Conseil d'Etat reconnait à la laïcité, dans un arrêt du début de ce siècle, le caractère de principe fondamental reconnu par les lois de la Ré-

---

252 Cons. d'Et., ord., 16 février 2004, *M. Ahmed B.* req. n°264314, *Rec.* T. p. 826

publique[253]. L'Etat et ses services publics sont, dès lors, plus que jamais tenus à une obligation de neutralité à l'égard des religions pratiquées sur le territoire.

Le sujet peut alors souffrir quelques interrogations. En effet, si le service public est laïc, les agents qui le composent appartiennent parfois à un culte confessionnel dont ils veulent observer les rites.

L'on peut aisément comprendre, par ailleurs, qu'au nom de la neutralité de l'Etat, ceux-ci se voient imposer par le législateur et le juge une obligation de retenue, voire même un certain nombre d'interdictions, dans la manifestation de leurs convictions. Mais si, par exemple, interdiction leur est faite d'arborer des symboles religieux ostentatoires, obligation est faite à l'Etat, de respecter, autant que faire se peut, leur liberté de culte en leur permettant, notamment, de s'absenter à l'occasion de fêtes religieuses importantes.

Car s'il n'est pas à douter du caractère laïc de l'Etat et son service public, ce qui est ancré de manière pérenne dans les mentalités, il n'en demeure pas moins que les individus, en dehors de leur fonction d'agent, n'y sont pas tenus et ne sauraient l'être, puisqu'est consacrée en France la liberté de religion, comme nous l'avons dit précédemment. Surtout, la consécration de la liberté d'expression de l'article 11 de la Déclaration de 1789, demeure le pendant primordial de cette liberté de religion, puisqu'elle permet à l'individu-agent d'exprimer librement sa religion, en se parant de ses symboles et en accomplissant son culte, dans un cadre établi, bien évidemment, puisque rien ne peut porter atteinte à la continuité du service public, principe consacré par le juge constitutionnel[254].

Il sera intéressant de noter, par ailleurs, que malgré ce caractère laïc du service public, ses usagers, les administrés, ne le sont

253 Cons. d'Et., 6 avril 2001, *SNES,* req. n°219379, 221699, 221700, *Rec.* p. 171.

254 Il est érigé au rang de principe à valeur constitutionnelle depuis la décision Cons. const., 25 juillet 1979, *Loi modifiant les dispositions de la loi n°74-696 du 7 août 1974 relatives à la continuité du service public de la radio et de la télévision en cas de cessation concertée du travail,* décision n°79-105 DC, *Rec.* p. 33.

pas. Il faut alors parfois nécessairement aménager le service public afin qu'il réponde aux questions d'ordre public posées par certaines fêtes religieuses[255]. Se pose également le problème des usagers « permanents » du service public, comme les patients de l'hôpital public, les détenus du service public pénitentiaire, ou encore les élèves de l'enseignement public.

C'est alors la loi, diplomate intemporel, accompagné du juge, son éternel interprète, qui détient, de par la Constitution, le pouvoir de poser un cadre, de règlementer les questions religieuses au sein des services publics. Diplomate, s'il en est, puisque le législateur se doit impérativement de jongler, parfois avec audace, mais toujours en équité, avec les nécessités de protection de la laïcité de l'Etat, et la liberté de culte.

Dans l'intégralité des cas évoqués, il sera intéressant d'analyser la manière dont le législateur et le juge garantissent la neutralité et la continuité du service public, tout en assurant aux administrés, la possibilité d'honorer leurs fêtes religieuses en son sein.

---

255 On peut penser, notamment, aux questions des processions de rue ou d'aménagements liés à l'abattage rituel, v. *infra* p. 86.

§ 1. Les obligations du service public guidées par le respect de la liberté de manifester ses convictions

Si le service public doit impérativement répondre à l'impératif de neutralité, religieuse comme politique, il ne saurait oublier, toutefois, que tant ses agents que ses individus doivent pouvoir rester libres, autant que possible, de manifester leurs convictions, notamment dans l'observance des fêtes du culte dont ils se réclament.

A. La prise en compte de la liberté de religion dans le traitement des agents du service public

Toute règle en droit a son principe et ses exceptions. En ce qui concerne la manifestation des convictions religieuses des agents du service public, il convient de rappeler que la neutralité du service public, impératif de valeur constitutionnelle depuis une trentaine d'années[256], entraine *de facto* une obligation de neutralité pour les agents qui en assurent le bon fonctionnement, comme le rappelle le Conseil d'Etat dans son célèbre arrêt *Demoiselle Marteaux* du 3 mai 2000[257]. Ceci constitue donc le principe. Mais, comme tout principe, il connait nécessairement des exceptions.

En effet, l'agent du service public reste un individu animé de convictions, sensibilités et opinions. Ainsi, s'il lui est impossible de manifester ses convictions dans le cadre de sa fonction dans le service public, des aménagements sont prévus par voie règlementaire afin de lui permettre de participer aux fêtes religieuses qu'impose sa foi, conformément à l'obligation pesant sur l'Etat de garantir la liberté de culte de chacun, liberté tant constitutionnelle que conventionnelle.

Ce propos appelle, dès lors, une remarque : cette question se pose peu pour les agents de confession catholique, puisque la plupart des grandes fêtes de la religion catholique figurent d'ores

---

[256] Cons. const., 18 sept. 1986, *Loi relative à la liberté de communication*, décision n°86-217 DC, *Rec.* p. 141.

[257] SCHWARTZ (R), concl. sur Cons. d'Et., 3 mai 2000, *Demoiselle Marteaux*, req. n°217017, *Rec.* p. 169, *RFD adm*, 2001 p. 146.

et déjà au nombre des jours fériés dans le calendrier français[258]. C'est donc bien pour les autres confessions que l'on va procéder à des aménagements.

Ainsi, une circulaire du ministre de la fonction publique du 23 septembre 1967[259] relative aux autorisations d'absence pour fêtes religieuses, impose aux chefs de service d'accorder aux agents qui le désirent, lesdites autorisations afin de participer aux fêtes de leur confession, non-inscrites au calendrier des fêtes chômées par la législation et l'usage.

Cette circulaire, régulièrement réitérée par le ministre, a entrepris de lister, ces dernières années, les différentes fêtes pouvant être invoquées dans chaque confession.

A titre d'exemple, on trouve, au sein d'une circulaire du 10 février 2012, trois fêtes orthodoxes, trois fêtes arméniennes, trois fêtes musulmanes, trois fêtes juives ainsi qu'une fête bouddhiste.

Le Conseil d'Etat précise, par ailleurs, que des autorisations d'absence peuvent également être données pour des fêtes religieuses ne figurant pas dans la liste dressée par la circulaire[260].

Notons à cet égard que le croyant agent du service public semble mieux pris en compte que le salarié du secteur privé, puisque à l'article L. 3133-1 du Code de travail ne sont mentionnés comme fêtes religieuses chômées que les fêtes chrétiennes, sans aucune obligation légale pesant sur l'employeur quant à l'octroi de congés pour fêtes religieuses autres. Rien ne l'oblige, par voie de conséquence, à accorder des autorisations d'absences au salarié d'une autre confession, la question étant réglée ad-hoc par chaque entreprise par des accords d'entreprise. Citons pour exemple l'accord sur la diversité et la cohésion sociale signé chez PSA le 28 septembre 2004[261].

---

258 On n'en dénombre pas moins de six : lundi de Pâques, jeudi de l'Ascension, lundi de Pentecôte, Assomption, Toussaint, Noël

259 Circ. ministérielle n°FP/901, 23 septembre 1967

260 Cons. d'Et., 26 octobre 2012, *Mme Lliboutry*, req. n°346648, *Rec.* T. p. 631.

261 VIARD (Cl.), « Congés… pour « prières » », Droit et cultures, 51/2006, p.49-65, v. plus particulièrement note n°16, p.51

B. La nécessité d'assurer, pour les usagers, le libre exercice de leurs pratiques religieuses

S'il existe une possibilité, pour les agents du service public, de participer aux fêtes de leur confession, il y a, par contre, la nécessité, pour le service public, de tout mettre en œuvre pour que les usagers puissent exercer leurs pratiques, ceux-ci n'étant, en aucun cas, soumis au principe de neutralité. Le Conseil d'Etat précise en ce sens, dans un arrêt du 14 mars 1994[262], que l'on ne saurait interdire aux usagers du service public l'expression de leurs croyances. Malgré tout, ce principe souffre tout de même quelques tempéraments, notamment en matière scolaire. En effet, l'usager doit parfois se plier aux exigences du service public, et ne saurait se prévaloir d'une absence pour fête religieuse, par exemple, pour ne pas participer à un examen. C'est ce qui résulte de la jurisprudence *Koen* du Conseil d'Etat[263].

Deux points particuliers sont à soulever ici dans le cas de la mise en œuvre de la garantie des pratiques religieuses de l'usager du service public.

Tout d'abord, le Conseil d'Etat consacre en 2004, dans une ordonnance de référé, « *le droit à pratiquer dans des formes appropriées ses convictions religieuses* »[264].

Ce qui implique que, malgré leur neutralité, les services publics soient parfois contraints de procéder à des aménagements, allant parfois jusqu'à apporter un soutien financier à la préparation de certaines fêtes religieuses, notamment s'il est question de protéger l'ordre public. C'est ici un tempérament au principe qui interdit,

---

262 Cons. d'Et., 14 mars 1994, *Yilmaz*, req. n°145656, *Rec.* p. 129.

263 Cons. d'Et., Ass., 14 avril 1995, *Koen*, req. n°157653, *Rec.* p. 169. En l'espèce, M. Koen s'était vu refuser, par son établissement, une autorisation d'absence pour un examen ayant lieu un samedi, pour pouvoir célébrer la fête religieuse de Shabbat.

264 Cons. d'Et., ord., 7 avril 2004, *Epoux K.*, req. n°266085, *Rec.* p. 164.

par l'article 2 de la loi de 1905, tout financement public à un culte religieux[265].

Ainsi, le juge administratif permettra, à titre d'exemple, à une collectivité territoriale, d'apporter un soutien financier à l'aménagement d'un abattoir temporaire pour l'abattage rituel de la fête musulmane de l'Aïd El Kébir, si toutefois celle-ci justifie d'un intérêt public local[266]. En l'occurrence, cet intérêt public local était ici caractérisé puisqu'il avait été rapporté, note le Conseil d'Etat, qu'à l'occasion d'abattages clandestins, des boyaux d'ovins avaient, par le passé, obstrué le réseau d'assainissement collectif de la communauté urbaine du Mans.

Sur le même sujet, le 25 novembre 1994, le Conseil d'Etat, dans un arrêt relatif, cette fois, à la communauté juive, avait affirmé que les autorités de police administrative étaient bien compétentes pour réglementer les conditions de l'abattage rituel[267].

Ensuite, et c'est là le second point, il faut souligner le cas particulier des usagers permanents du service public, ce que le juge administratif appelle les usagers en « situation de contrainte », les patients des hôpitaux ainsi que les détenus de l'administration pénitentiaire.

Ici, la Charte de la laïcité dans les services publics de 2007[268] rappelle que ces derniers ont le droit de participer à l'exercice de leur culte et que le service public doit assurer ce droit autant que faire se peut.

---

265 Pour rappel, l'article 2 de la loi du 9 décembre 1905 relative à la séparation des Eglises et de l'Etat, dispose que « La République ne reconnait, ne salarie, ni ne subventionne aucun culte ».

266 Il est à noter, à ce propos, que ce sont les communautés urbaines qui ont la charge des abattoirs municipaux de par l'article L. 5215-20-1 du Code général des collectivités territoriales.

267 Cons. d'Et., 25 novembre 1994, *Association cultuelle Cha'are Shalom Ve-Tsedek*, req. n°110002, *Rec.* p. 509.

268 http://www.sante.gouv.fr/IMG/pdf/charte_laicite.pdf

Une circulaire de 2006 impose, par exemple, la présence d'aumôniers pluriconfessionnels dans le service public hospitalier[269].

Dans le service public pénitentiaire, cette obligation est parfois peu respectée, comme en témoigne une récente affaire lors que laquelle le juge administratif a du intervenir afin de reconnaitre la responsabilité de l'Etat, pour cause d'un nombre trop insuffisant d'agréments de ministres du culte, ne permettant pas à tous les détenus de pratiquer le culte revendiqué[270]. Toutefois, l'administration pénitentiaire n'est pas tenue de satisfaire toutes les exigences qu'impose l'observance stricte d'un culte. En l'occurrence, un récent arrêt du Conseil d'Etat, le 16 juillet dernier, est venu indiquer que les établissements pénitentiaires ne sont pas dans l'obligation de prévoir des menus halal de manière permanente, si cela « *suppose des coûts élevés* » et des « *travaux matériellement difficile à réaliser* »[271].

§ 2. Les contraintes pesant sur les fêtes religieuses au nom des principes généraux du service public

Si l'Etat se doit de garantir la liberté de croyance, et par conséquent, l'expression des convictions religieuses des agents et usagers des services publics, les fêtes religieuses doivent à leur tour parfois s'effacer devant les exigences posées par les principes gouvernant le service public, puisque le Conseil constitutionnel affirme dans sa décision du 19 novembre 2004 que le principe de laïcité fait obstacle à ce que l'on puisse *se prévaloir de ses croyances religieuses pour s'affranchir des règles communes régissant les rapports entre collectivités publiques et particuliers*[272].

---

[269] Circ. DHOS/P1 n°2006-538 du 20 décembre 2006 *relative aux aumôniers des établissements mentionnés à l'article 2 de la loi n°86-33 du 9 janvier 1986 portant dispositions statutaires relatives à la fonction publique hospitalière*

[270] Cons. d'Et. 16 octobre 2013, *Garde des Sceaux c/ M.F. et autres*, req. n°35115, 351153, *Rec.* T. p. 588.

[271] Cons. d'Et., 16 juillet 2014, *M. B.*, req. n°377145.

[272] Cons. const., 19 novembre 2004, *Traité établissant une Constitution pour l'Europe*, décision n°2004-505 DC., *Rec.* p. 173.

A. Les limitations à la liberté de religion liées au principe de continuité du service public

Il est aujourd'hui de jurisprudence constante que si les agents du service public peuvent se voir octroyer des autorisations d'absence pour participer à des fêtes religieuses, celles-ci ne doivent pas gêner la mission du service.

Ainsi, dans un arrêt du 12 février 1997, le Conseil d'Etat indique, à propos des autorisations d'absence pour motif de fêtes religieuses, que celles-ci peuvent être refusées si elles portent atteinte au fonctionnement normal du service[273].

Plus récemment, dans une décision du 23 décembre 2011, relative aux halles et marchés municipaux de la rue Riquet à Paris, le juge administratif est venu préciser que les commerçants, assimilés à des usagers de ce service public, puisqu'occupants du domaine public, pouvaient bénéficier d'autorisation de fermeture exceptionnelles « *dans la mesure où celles-ci sont compatibles avec le bon fonctionnement du marché, notamment au regard de l'objectif de continuité de ce fonctionnement* »[274]. L'on comprend aisément ici que l'exigence de bon fonctionnement ou de fonctionnement normal doit être entendue comme étant une émanation du principe de continuité du service public, principe à valeur constitutionnelle depuis une décision du Conseil constitutionnel en date du 25 juillet 1979[275].

En l'espèce, des commerçants de confession juive demandaient une autorisation de fermeture exceptionnelle le samedi afin de fêter le Shabbat, le marché se déroulant précisément la journée du samedi, ce qui, on le comprend, venait porter une atteinte considérable au bon fonctionnement du marché, ceci entrainant, de fait, une discontinuité évidente du service public des halles et marchés municipaux.

---

273 Cons. d'Et., 12 février 1997, *Melle Henny*, req. n°125893, *Rec.* T. p. 891.

274 FLEURY (Th.), note sous Cons. d'Et., 23 décembre 2011, *Halfon et autres*, req. n°323309, *Rec.* p. 647, *Jcl. Adm.*, mars 2012, p. 45-47.

275 Cons. const., 25 juillet 1979, *Loi modifiant les dispositions de la loi n°74-696 du 7 août 1974 relatives à la continuité du service public de la radio et de la télévision en cas de cessation concertée du travail*, décision n°79-105 DC, *Rec.* p. 33.

B. L'obligation de neutralité du service public à l'égard des fêtes religieuses, conséquences et perspectives

Au-delà de l'exigence de continuité du service public, les fêtes religieuses se voient également limitées par l'exigence de neutralité de ce dernier, érigée en principe fondateur de la loi de séparation des Eglises et de l'Etat du 9 décembre 1905.

Cette exigence de neutralité, qui a pour but d'assurer l'égalité des individus, garantie à l'article 1er de la Déclaration des droits de l'Homme de 1789, impose le principe selon lequel l'Etat et ses services publics ne sauraient en aucun cas privilégier une religion au détriment d'une autre, notamment en matière de reconnaissance ou de financement d'une fête religieuse[276].

Ainsi, le juge administratif, au fil d'une riche jurisprudence, en est venu à différencier ce qui relève du cultuel et ce qui relève du culturel.

Récemment, dans un arrêt du 15 février 2013[277], le Conseil d'Etat annule le jugement du tribunal administratif de Limoges qui avait validé l'octroi, par le Conseil Régional du Limousin, d'une subvention à diverses associations pour l'organisation d'une fête catholique : les ostensions septennales, au motif qu'elles présentaient un intérêt traditionnel, culturel, touristique et historique. Il s'agissait d'une procession durant laquelle les membres du clergé local présentaient les reliques de saints qui avaient vécu dans la région[278].

Le Conseil d'Etat souligne alors que ces processions ont bien le caractère de cérémonies cultuelles et que la délibération du

---

276 v. *supra* p. 86, note req. n°265

277 Cons. d'Et., Ass., 15 février 2013, *Association Grande confrérie de Saint Martial et autres*, req. n°347049, *Rec.* p.10.

278 Le Conseil d'Etat avait, d'ailleurs, déjà indiqué, une vingtaine d'années plus tôt, qu'une collectivité publique ne pouvait légalement apporter son soutien financier à une association cultuelle, quand bien même celle-ci aurait également des activités sociales et culturelles. (Cons. d'Et., Sect., 9 octobre 1992, *Commune de Saint-Louis c/ Association « Siva Soupramanien de Saint-Louis »*, req. n°94455, *Rec.* p. 358.)

Conseil régional constituait bien une violation de l'article 2 de la loi de 1905.

Plus récemment, une affaire qui a fait couler beaucoup d'encre dans les médias durant les fêtes de Noël dernier, celle de la crèche du Conseil général de Vendée. Il n'existe pour le moment qu'un arrêt du tribunal administratif de Nantes, mais il ne fait nul doute qu'il sera confirmé par le Conseil d'Etat dans les années à venir.

Le 14 novembre 2014, le juge administratif de Nantes rendait donc son jugement *Fédération de Vendée de la libre pensée*[279], concernant la crèche de la nativité installée dans les locaux de l'hôtel du département. Il vient clairement indiquer que la crèche dépasse la simple représentation traditionnelle et populaire des fêtes de fin d'année, en ce qu'elle représente un symbole fort de la religion catholique.

Il n'est donc pas impossible d'en déduire, en filigrane, que si le symbole de la crèche revêt un caractère hautement cultuel, les sapins et décorations de Noël semblent peut-être alors appartenir à un registre plus culturel, traditionnel, voire païen. Peut-être serait-il imaginable de susciter une décision de justice sur ce point là, en demandant au conseil municipal de faire retirer les décorations de Noël au nom du principe de laïcité et de neutralité du service public, et d'intenter un recours pour excès de pouvoir sur la réponse (probablement négative) de la commune.

Mais cette réflexion, qui n'est que prospective, n'est qu'une partie infime de nombres de questions et problématiques qui demeurent en suspens, tant au regard du manque de clarté de certaines notions floues, qu'au devenir d'une certaine conception de notre laïcité.

Il est ainsi possible, voire souhaitable, de s'interroger sur les différentes manières de parfaire notre laïcité dont la neutralité du service public est, dans un but de meilleure égalité des administrés.

Malgré les nombreux aménagements de l'Etat afin de garantir la liberté de manifester ses convictions, il est intéressant de noter

---

279 TA Nantes, 14 novembre 2014, *Fédération de Vendée de la libre pensée*, req. n°1211647

qu'en dépit d'une laïcité militante, la France demeure marquée par la persistance d'une importance tradition catholique.

Prenons pour premier exemple, le droit concordataire alsacien-mosellan, dont la valeur constitutionnelle a été consacrée par le Conseil constitutionnel dans sa décision du 21 février 2013[280], qui n'inclut toujours pas le culte musulman parmi les cultes qu'il reconnait, alors même qu'une grande partie de la population pratique cette religion[281]. Sa reconnaissance pourrait permettre une meilleure mise en œuvre du principe d'égalité en Alsace-Moselle.

De même peut-on évoquer, comme second exemple le repos dominical obligatoire instauré par la loi du 13 juillet 1906, révélateur d'un profond encrage des racines chrétiennes de la France, malgré l'abandon progressif de sa dimension sacrée au profit d'une dimension plus profane et utilitaire, celle du repos, des loisirs, ou de la socialisation de l'individu hors de son lieu de travail[282]. Peut-être la récente loi dite « Macron » relative, notamment, au travail du dimanche, aura-t-elle pour effet bénéfique, par

---

280 Cons. const., 21 février 2013, *Association pour la promotion et l'expansion de la laïcité [traitement des pasteurs des églises consistoriales dans les départements du Bas-Rhin, du Haut-Rhin et de la Moselle]*, décision n°2012-297 QPC, JORF du 23 février 2013 p. 3110.

281 v. sur ce point, *l'Avis sur le régime local des cultes en Alsace et en Moselle*, remis au gouvernement par l'observatoire de la laïcité, le 12 mai 2015, notamment p. 6 et 15. Le rapport indique que si l'idée de la formation des imams musulmans a été écartée, il existe un master d'islamologie à l'Université de Strasbourg, permettant de former des enseignants-chercheurs ainsi que des acteurs sociaux et culturels.

(http://www.gouvernement.fr/sites/default/files/contenu/piece-jointe/2015/05/avis_alsace-moselle_definitif_0.pdf)

282 Sur ce point, v., par exemple, BECK (R.), *Histoire du dimanche de 1700 à nos jours*, éd. de l'Atelier, 1997, cité par VIARD (Cl.), *op. cit.*, p.50. et 269 à 285. Robert Beck apporte néanmoins un tempérament à cette affirmation. Adoptées à l'époque reine de l'anticléricalisme (entre 1877 et 1906), les différentes lois relatives au repos dominical valorisent, au début du XXème siècle, moins la pratique religieuse que le bien-être de l'ouvrier. En effet, à cette époque-là, apparaissent les nécessités d'un repos hebdomadaire, de loisirs et d'hygiène (notamment grâce aux bains publics dominicaux), permettant d'alléger la surcharge de travail de celui-ci, ainsi que le prémunir contre certaines maladies et affections liées aux conditions de travail.

Le dimanche, après la messe, signifie aussi la possibilité de se retrouver en famille, entre amis, et de participer à certaines formes de vie sociale.

ricochet, de permettre aux salariés de confession musulmane ou israélite, pourquoi pas, de travailler un jour qui ne représente rien pour leurs croyances[283].

Enfin, pour revenir au sujet qui nous occupe, il semble nécessaire de développer un dernier point de réflexion. S'agissant de la neutralité de l'Etat concernant les fêtes religieuses, il peut apparaitre déconcertant, ou tout du moins étonnant de remarquer le déséquilibre évident qui existe dans le calendrier français. On compte en effet, en parallèle des jours fériés républicains ou mémoriels, pas moins de six jours fériés religieux exclusivement chrétiens, témoins, là encore, des racines chrétiennes de la France[284].

Il pourrait paraitre judicieux, alors, de suivre les conclusions du rapport rendu par la commission Stasi au Président de la République en décembre 2003[285]. Celui-ci plaidait, en effet, pour l'ajout au sein des jours fériés du calendrier, de deux fêtes religieuses musulmanes ainsi que deux fêtes religieuses juives afin de garantir une meilleure application du principe d'égalité entre les citoyens et tenir compte des évolutions de la société française, tout en renforçant le principe de neutralité de l'Etat puisque cette proposition (restée sans réponse) aurait eu la vertu de faire cesser l'hégémonie des jours fériés chrétiens du calendrier, qui constituent toujours, à l'heure actuelle, un véritable paradoxe avec l'idée de la laïcité française.

---

283 v. à ce propos le projet de loi n°473, *Projet de loi pour la croissance, l'activité et l'égalité des chances économiques*, Titre III, Chapitre Ier, Art. 71 à 82*bis*. A noter que, pour l'heure, le texte a été adopté par l'Assemblée Nationale en application de l'article 49.3 de la Constitution le 19 février 2015, et modifié en première lecture au Sénat le 12 mai 2015. Il est actuellement à l'étude en commission mixte paritaire.

284 v. *supra*, p. 84, note req. n°261

285 v. à ce propos, Commission de réflexion sur l'application du principe de laïcité dans la République, *Rapport au Président de la République*, 11 décembre 2003, notamment p. 65 et 69.

(http://www.ladocumentationfrancaise.fr/var/storage/rapports-publics/034000725.pdf)

3ème PARTIE

Préparatifs de la fête

Vers une contractualisation du financement public de la fête ?

Thomas MORETTO

Doctorant en droit public à l'UPPA

Membre de Pau Droit Public

Pour évoquer la fête et le droit public à Pau, on peut interroger Frédéric Beigbeder, festoyeur béarnais incontesté, pour qui « *le fric permet la fête* »[286]. S'il n'est pas le roi de la fête, l'argent est bien roi.

Si les fêtes publiques sont la plupart du temps d'initiative privée, leur financement demeure encore largement public. Personne ne s'offusquera d'une telle affirmation, les fêtes participant de divers services publics[287]. C'est donc tout naturellement que nous traiterons le volet public de ce financement. On ne peut ignorer le contexte un peu particulier dans lequel s'inscrit ce financement en période de disette budgétaire, de crise, de réduction de la dépense publique. Mais la fête a toujours une carte à jouer, elle conserve indéniablement un rôle de stabilisateur social, de maintien de l'ordre établi[288], ce qui, l'on en conviendra, peut s'avérer particulièrement utile en temps de crises.

---

286 BEIGBEDER (F), *Vacances dans le coma*, Grasset, 1994, p. 18.

287 On pense évidement au service public culturel mais aussi au service public du devoir de mémoire, au service public de l'aide à l'économie locale, du service public de promotion touristique. La fête peut ainsi servir un nombre assez important de politiques publiques.

288 Voir sur ce point : LÖHRER (D), « Sens et essence de la fête », supra, p. 29.

Les personnes publiques disposent de deux types de financements différents lorsqu'il s'agit d'apporter leur soutien à l'organisation d'une fête sur leur territoire. Elles peuvent le faire de manière directe, en versant des fonds à des personnes privées ou publiques chargées de l'organisation d'une telle manifestation. Elles peuvent également le faire de manière indirecte par le biais de mécanismes fiscaux incitant les divers opérateurs présents sur le secteur de la fête.

On ne dispose pas de chiffres précis en ce qui concerne le montant et la répartition du financement de la fête. On sait en revanche[289] que les personnes publiques dépensent près de 10 milliards d'euros en subventions aux personnes privées et 200 milliards d'euros en commande publique. 30 % de ce financement public va vers le secteur de la culture, des sports et du loisir étant entendu que 21 % est versé sous forme de subventions alors que seulement 9 % passe par le biais de la commande publique. Quant à l'origine de ces fonds publics elle a évidemment évoluée à la faveur de la décentralisation. Le financement public étatique représente désormais à peine plus de 20 % du financement public, le reste étant bien entendu assumé par les collectivités territoriales et leurs groupements[290]. Il ne faut pas donner à ces chiffres plus d'importance qu'ils en ont, et ce pour deux raisons. La première c'est que les chiffres dont nous disposons ne concernent qu'un type de structure : les associations[291]. La seconde c'est que le financement des fêtes publiques n'est jamais identifié en tant que tel mais fondu dans le spectre plus large du secteur « sport, culture, loisir » et on sait qu'un secteur associatif comme celui du sport peut compter sur des ressources bien plus importantes du secteur privé que celui de la culture par exemple[292].

---

289 TCHERNONOG (V), *Le financement public des associations entre subventions et commandes*, CNRS, en ligne sur le site du ministère des sports, 2013.

290 *Ibid.*

291 S'il est vrai que les associations sont les principaux acteurs de l'organisation de fête sur le territoire de la république il ne faut pas pour autant oublier que les personnes publiques peuvent prendre en charge elles même l'organisation de tels évènements tout comme des entreprises privées peuvent aussi être amenées à y jouer un rôle important.

292 Ne serait-ce que par les cotisations des membres des associations sportives.

Nous allons couvrir le champ principal de l'évolution du financement public de la fête. Celui de sa contractualisation. Si notre intitulé est formulé sous la forme interrogative c'est surtout sous la forme d'une question rhétorique. L'on se dirige de façon irréductible vers une contractualisation du financement public de la fête. On se permettra alors de poser une nouvelle interrogation, celle de la nature de cette contractualisation. C'est ainsi que l'on s'attachera aux deux grands mouvements contractuels qui accompagnent matériellement le développement de la fête, deux choix pour les personnes publiques : la contractualisation souple et la contractualisation dure. La première correspondant au versement de subventions conditionnées à la conclusion d'une convention, la seconde correspondant à la conclusion de deux types de contrats : l'appel à projet ainsi que les contrats de la commande publique.

C'est ainsi de manière un peu moins triviale que Frédéric Beigbeder que nous allons tenter de démontrer que le financement public de la fête est aujourd'hui et plus que jamais sous le feu des projecteurs.

§ 1. La contractualisation souple du financement public de la fête

Pourquoi parler de contractualisation souple ? Parce qu'il ne s'agit pas, à proprement parler, de contractualisation autonome : l'outil contractuel vient simplement en appui de la démarche unilatérale d'une personne publique, qui décide de soutenir financièrement une fête en versant une subvention pour la tenue de cette dernière[293]. Il faut bien comprendre que la conclusion d'une convention n'emporte pas pour autant requalification en acte contractuel de l'acte unilatéral attributif d'une subvention[294].

---

[293] Notons que la subvention à la fête peut se faire sous la forme d'une somme d'argent mais aussi sous toute autre forme matérielle telle que la mise à disposition de locaux ou d'agents publics.

[294] On peut citer ici le Commissaire du Gouvernement E. Glaser : « *la circonstance qu'un acte unilatéral soit accompagné d'une convention [...] ne nous paraît pas suffire pour une telle requalification. [...] Ce n'est pas pour autant que l'acte unilatéral disparaît ou devient contractuel.* » GLASER (S), concl. sur Cons. d'Et., 3 mai 2004, *Fondation assistance aux animaux*, req. n°249832, *Rec.* T. p. 551-565-878, *BJCP*, 2004, p. 466.

La contractualisation souple du financement public de la fête a pour vocation d'encadrer – dans le sens noble du terme – le recours aux subventions publiques (A). Mais loin d'être totalement acquise, cette forme de contractualisation s'avère aujourd'hui, plus que jamais, nécessaire (B).

A. Les objets de la contractualisation souple

1. Le droit des subventions publiques, un droit hautement problématique

a) La complexité du droit applicable

La subvention publique a toujours été l'apanage des comptables plutôt que des juristes. Certains parlaient même d'une « *forme d'action subversive des autorités publiques* » accusée de détruire les « *frontières* »[295].

Définition. Longtemps orpheline d'une définition légale, le législateur est venu récemment réparer cette injustice. En effet aux termes de la loi sur l'économie sociale et solidaire les subventions sont « *les contributions facultatives de toute nature, valorisées dans l'acte d'attribution, décidées par les autorités administratives et les organismes chargés de la gestion d'un service public industriel et commercial, justifiées par un intérêt général et destinées à la réalisation d'une action ou d'un projet d'investissement, à la contribution au développement d'activités ou au financement global de l'activité de l'organisme de droit privé bénéficiaire. Ces actions, projets ou activités sont initiés, définis et mis en œuvre par les organismes de droit privé bénéficiaires* » avant d'ajouter que « *ces contributions ne peuvent constituer la rémunération de prestations individualisées répondant aux besoins des autorités ou organismes qui les accordent.* »[296]. Cette définition législative vient en réalité entériner l'approche prétorienne de la notion de subvention développée à la fois par le juge administratif et le juge des comptes[297].

L'on permettra de préciser que la loi vient mettre fin au principe selon lequel une subvention est une dépense et se

---

295 HERTZORG (R), « Linéaments d'une théorie de la subvention », *RFFP*, 1988, p. 7.

296 Article 59 de la Loi n°2014-856 du 31 juillet 2014 *relative à l'économie sociale et solidaire*, *JORF*, 2014, p. 12666.

297 HERTZOG (R), *op. cit.*, p. 7 et s.

distinguerait ainsi de l'octroi d'avantages en nature par des personnes publiques aux personnes privées. Mais l'emploi du substantif « *contribution* » laisse tout de même à penser que demeurent toujours en dehors du champ de la subvention certains dispositifs fiscaux ou encore la garantie d'emprunt.

L'on notera également ici que le législateur a particulièrement insisté sur les critères de distinction de la subvention avec les marchés publics, point sensible que l'on évoquera plus précisément dans notre seconde partie.

Liberté – encadrée – de subventionner. La subvention est traditionnellement un domaine où les autorités publiques disposent d'un pouvoir discrétionnaire. Ainsi Louis Rolland expliquait-il à ses étudiants que *« le principe de la liberté de subvention est un principe certain de notre droit public »*[298]. Pourtant, si la personne publique demeure libre de refuser d'octroyer une subvention[299] elle ne peut en principe pas tout subventionner, elle doit en effet, comme pour toute démarche des collectivités locales[300] avoir un intérêt public local cher au juge administratif[301]. On peut, dans le cadre, d'une subvention vérifier l'intérêt public local avec la réunion de trois critères différents[302]. D'abord, les administrés de la collectivité doivent avoir un intérêt direct à voir la manifestation subventionnée. Ensuite, la subvention ne peut pas avoir comme simple motif la satisfaction d'un pur intérêt privé. Enfin, la subvention ne doit

---

298 L. ROLLAND, *Cours de droit administratif*, Diplôme d'études supérieures, Droit public, Les cours de droit, 1944, p. 384. Le Commissaire du gouvernement Martin Laprade a même qualifié la subvention de « *pur don du ciel* » : LAPRADE (M), concl sur Cons. d'Et., Ass., 7 mai 1980, *Ministre du budget c. SARL Agepan*, req. n°13493, *Rec.* p. 216.

299 Notons toutefois que la personne publique commet une faute qui l'oblige à indemniser l'association lorsque le refus d'octroi d'une subvention révèle un traitement discriminatoire étranger à toute considération d'intérêt général : TA., Amiens, 13 octobre 2005, *Fédération des œuvres laïques de l'Oise*, req. n°0102706.

300 On n'évoque ici seulement les collectivités territoriales, l'Etat n'étant soumis, a priori, à aucune condition pour l'octroi de subventions.

301 Pour un exemple récent : Cons. d'Et., Ass., 30 décembre 2014, *Société Armor SNC*, req. n°355563, *Rec.* p. 433.

302 Ces trois critères sont mis en exergue dans une réponse ministérielle : Rép. Min. req. n°16593, *JOAN Q*, 14 aout 2003, p. 950.

pas venir égratigner le principe de neutralité[303] qui s'impose aux autorités publiques.

Subventions prohibées. Les personnes publiques ont l'interdiction de subventionner deux types d'activités. Il s'agit bien évidemment des activités cultuelles ainsi que des activités syndicales. Concernant les activités cultuelles d'une part, la loi de 1905 est très claire sur ce point puisqu'elle dispose à son article 2 que « *la république ne reconnaît, ne salarie ni ne subventionne aucun culte* ». On sait que le juge administratif est venu aménager cette interdiction avec ses arrêts d'assemblée de 2011[304]. Néanmoins, demeure pour les autorités publiques l'interdiction de financer des manifestations religieuses et le Conseil d'Etat l'a d'ailleurs rappelé avec éclat en 2013 et en Assemblée[305]. Le juge administratif opère un contrôle très fin du subventionnement des associations à but cultuel. En effet s'il interdit de subventionner une manifestation ayant des fins à la fois cultuelles et culturelle, il autorise le subventionnement d'une association cultuelle qui organise une manifestation purement culturelle[306]. Concernant les activités syndicales d'autre part, le Conseil d'Etat applique le même raisonnement. Le financement d'activités purement syndicales et partisanes est prohibé mais le financement par la voie de subventions d'activités répondant à un intérêt public local et déconnectées des activités syndicales est autorisé[307].

---

303 Une délibération qui conduirait une commune à prendre parti dans un conflit collectif du travail (Cons. d'Et., 20 novembre 1985, *Commune d'Aigues-Mortes*, req. n°57139, *Rec.* p. 330) ou dans un conflit politique national (Cons. d'Et., 19 novembre 1990, *Commune de Blénod-Lès-Pont-A-Mousson*, req. n°95219) ou international (Cons. d'Et., 23 octobre. 1989, *Commune de Pierrefitte, Commune de Saint-Ouen, Commune de Romainville*, req. n°93331, 93847, 93885, *Rec.* p. 209) est illégale.

304 Voir notamment : Cons. d'Et., Ass., 19 juillet 2011, *Communauté urbaine du Mans-Le Mans Métropole*, req. n°309161, *Rec.* p. 394 et Cons. d'Et., Ass., 19 juillet 2011, *Fédération de la libre pensée et de l'action sociale du Rhône et P.*, req. n°308817, *Rec.* p. 392.

305 Cons. d'Et., Ass., 15 février 2013, *Association Grande confrérie de Saint Martial et autres*, req. n°347049, *Rec.* p.10.

306 Cons. d'Et., 26 novembre 2012, *ADEME*, req. n°344379, *Rec.* p. 391.

307 Cons. d'Et., 4 avril 2005, *Commune d'Argentan*, req. n°264596, *Rec.* p. 137. Notons qu'il s'agissait ici d'activités à teneur sociale mais que le raisonnement est tout à fait transposable à des activités culturelles.

Procédure d'octroi d'une subvention – Aperçu rapide. Nous n'entrerons pas dans les détails[308], mais exposerons les grands principes de ces octrois afin de mieux comprendre pourquoi l'on tend vers une contractualisation : le problème du contrôle des personnes privées destinataires de subventions. Pour obtenir une subvention auprès d'une autorité publique il faut déposer une demande de subvention, demande qui sera examinée par ladite collectivité. L'examen de cette demande permet à la collectivité d'examiner le projet à subventionner mais aussi de se renseigner sur l'association même si cela reste très superficiel et en pratique surtout formel. Ce dossier doit notamment comprendre un certain nombre de documents comptables tels que le budget de l'association et son bilan de l'an passé[309]. Pour attribuer la subvention, la collectivité doit ensuite produire deux délibérations, l'une permettant d'ouvrir les crédits nécessaires et l'autre permettant d'attribuer la subvention[310] en précisant son montant et son objet[311]. En ce qui concerne les règles de retrait, d'abrogation et d'annulation, s'appliquent les règles classiques posées par le juge administratif et le législateur en matière de décisions créatrices de droit[312].

---

308 Des circulaires du ministère des finances ou de la culture détaillent extrêmement bien la procédure à suivre.

309 Le refus du maire d'une commune de porter ces documents à l'ensemble du Conseil municipal est d'ailleurs un motif d'illégalité des délibérations approuvant les subventions de ces associations : Cons. d'Et., 2 février 1996, *Commune d'Istres*, req. n°155583. Notons également que l'association a l'obligation de fournir un bilan certifié conforme pour les subventions des communes de plus de 3500 habitants par son Président et certifié par un Commissaire aux comptes pour les subventions de plus 152 450 euros.

310 Notons que la décision attributive d'une subvention ne doit pas être motivée au sens de la loi du 11 juillet 1979 relative à la motivation des actes administratifs : TA. Nice, 18 janvier 2008, *Commune de Varages c. Département du Var*, req. n°0500452.

311 CADIEU (P), « Notion de subvention-Eléments de clarification », *RLCT*, 2005, p. 6.

312 Voir en ce qui concerne l'abrogation : Cons. d'Et., 7 août 2008, *Crédit Coopératif*, req. n°285979, *Rec.* p. 316 ; en ce qui concerne le retrait : CAA. Marseille, 28 juin 2004, *Société Cinéma G. Lamic SARL*, req. n°00MA00317 ; en ce qui concerne l'annulation : CAA. Lyon, 24 juin 2010, *Commune de Dijon*, req. n°09LY02945.

b) La gestion des subventions, un domaine facilement instrumentalisable

La distribution des subventions au sein d'une collectivité publique est un domaine hautement politique. En effet « *la décision d'attribution d'une subvention est souvent d'origine politique* »[313], il existe la plupart du temps une relation de confiance assez forte entre les élus et les représentants du monde associatif qui semble se substituer à l'exercice d'un véritable contrôle de l'utilisation des subventions versées par les collectivités.

La Cour des comptes a pu montrer le caractère hautement problématique de ce genre de comportements en étudiant les politiques d'octroi de subventions de deux collectivités locales : le conseil régional Provence-Alpes-Côte d'Azur et le département des Bouches-du-Rhône[314]. Le constat dressé par le juge des comptes est assez édifiant. Il s'agit, pour les deux collectivités réunies de près de 300 millions d'euros versés en subventions chaque année. La main mise du politique empêche une fois de plus le contrôle des collectivités sur l'utilisation des subventions publiques. Le juge administratif n'oblige pas ces collectivités à mettre en place des procédures d'examen et d'instruction des demandes de financement particulières s'appuyant par exemple sur des critères et priorités échelonnés[315]. Mais comme le font remarquer les juges de la rue Cambon, pour de tels montants, un minimum de rationalisation est nécessaire. Le constat sur ces deux collectivités est sans appel, ce genre de standardisation est sous développée et sous exploitée. Ils relèvent également deux disfonctionnements majeurs du système : les commissions d'élus qui décident de l'attribution de subventions sont très mal informées à

---

313 SCHMITT (S), « Le contrôle des collectivités locales sur les associations subventionnées : l'exigence d'efficacité confrontée au quotidien », *AJDA*, 2003, p. 1088.

314 Cour des comptes, « Subventions allouées aux associations par la Région de Provence-Alpes-Côte d'Azur et de département des Bouches-du-Rhône : la nécessaire maîtrise des risques », *in Rapport Public annuel*, 2014, La Documentation Françaises, pp. 115-214.

315 TA. Nice, 18 janvier 2008, *op. cit.*

la suite de la procédure d'instruction et le court-circuitage des procédures établies est monnaie courante[316].

2. L'obligation légale de contractualisation souple

Le Conseil d'Etat préconisait dans son rapport de 2000 portant sur les associations « *de développer une approche plus contractuelle des rapports entre les personnes publiques et les associations* »[317]. Le législateur l'a entendu et a fixé une obligation légale de contractualisation de la subvention par le biais de la loi du 12 avril 2000 relative aux droits des citoyens dans leurs relations avec l'administration. Son article 10 impose la conclusion d'un contrat entre une collectivité locale et une tout organisme bénéficiaire de sa générosité à partir du moment où la subvention est supérieure à un seuil qui a été fixé par décret à 23 000 euros[318]. Aux termes de cette loi le contrat ainsi passé doit prévoir et définir « *l'objet, le montant et les conditions d'utilisation de subvention attribuée* ».

Il est à noter qu'il s'agit là d'un véritable contrat synallagmatique qui engage les deux parties puisqu'elles peuvent voir leur responsabilité contractuelle engagée si elles ne remplissent pas leurs obligations contractuelles[319].

Seulement, à l'examen, cette contractualisation imposée par le législateur, si elle ne demeure pas un vœu pieu souffre de difficultés d'utilisation et d'application qui nous inclinent à plaider pour un développement plus prégnant d'un tel mécanisme.

---

316 Le rapport cite l'exemple stupéfiant de l'intervention au sein des procédures d'instruction des demandes de subvention d'un « conseiller du président » plutôt obscur puisqu'il n'apparaît pas dans l'organigramme officiel et qui a approuvé des subventions pour plus de 100 000 euros à des associations avec qui il entretient des liens si ce n'est intimes, proches (il est président de l'une d'entre elle, membre du bureau et président fondateur d'une autre, son épouse en dirige une et il est le porte parole d'une quatrième !). On peut également citer l'exemple du « fonds spécial d'intervention » du département des Bouches-du-Rhône, censé servir à honorer des demandes exceptionnelles et qui sert en réalité à verser des subventions qui se reconduisent chaque année sans passer donc par la procédure d'instruction classique. Cour des comptes, *Rapport public*, *op. cit.*, p. 125.

317 Rapport public du Conseil d'Etat, *EDCE*, 1999, pp. 299-303.

318 Décret n°2001-495 du 6 juin 2001.

319 Cons. d'Et., 18 janvier 1985, *Ville d'Aix-en-Provence*, req. n°51534, *Rec.* T. p. 531.

B. Le développement nécessaire de la contractualisation souple

La contractualisation de la subvention publique par le biais de conventions d'objectifs n'a pas encore atteint « *sa pleine maturité* »[320]. Il nous faudra voir les raisons (1) qui nous incitent à plaider pour un développement de cette contractualisation (2).

1. Un meilleur encadrement du subventionnement des fêtes

Si une contractualisation accrue est nécessaire c'est avant tout parce que le procédé actuel doit faire face à des difficultés à l'occasion de sa mise en œuvre (a) mais aussi parce que les différents acteurs de la fête ont tout intérêt à voir cette contractualisation se mettre en place (b).

a) Les difficultés pratiques de la mise en œuvre des conventions

La mise en œuvre pratique des conventions de subventions révèle deux difficultés distinctes, l'une extrinsèque à la convention, l'autre qui lui est propre.

La difficulté extrinsèque. Elle tient principalement au manque de respect par les élus de l'obligation légale de conventionnement. La Cour des comptes l'a d'ailleurs relevé dans son rapport 2014. Pourtant, si l'élu est défaillant, le comptable public lui ne devrait pas l'être puisqu'il engage sa responsabilité s'il accepte de verser une subvention qui serait accordée sans passer de contrat. Mais il arrive parfois que les ordonnateurs trompent sciemment la vigilance des comptables publics en pratiquant la technique du fractionnement. Les ordonnateurs vont accorder diverses subventions aux opérateurs privés en deçà du seuil des 23 000 euros, de telle sorte que seul un examen approfondi des diverses subventions peut révéler l'obligation de conventionnement. On peut aussi relever que le seuil fixé en 2001 à 23 000 peut

---

[320] Nous empruntons la fameuse expression au Professeur Ph. Terneyre : TERNEYRE (PH), « Le droit du contentieux des contrats administratifs a-t-il enfin atteint sa pleine maturité ? », *EDCE*, 2008, p. 383.

laisser dubitatif. En effet, selon nous, la pertinence de ce seuil varie en fonction du budget de la collectivité concernée[321].

La difficulté intrinsèque. Elle tient principalement au contenu des conventions qui sont adoptées en application de la loi de 2000. Une circulaire du Premier Ministre en date du 18 janvier 2010 propose un modèle de convention[322]. Mais si le modèle proposé fait la part belle à la sécurisation juridique et financière de la subvention, il relègue au second plan le contrôle effectif de l'attribution des fonds publics. Les obligations mises à la charge de l'association subventionnées quant à l'utilisation des deniers publics restent minimes et la convention se borne à reprendre les possibilités légales et jurisprudentielles de contrôle de l'association par la personne publique en prévoyant à la fin de chaque exercice ainsi qu'à l'issu de la convention[323]. De surcroît, le bâton est assez court puisque les sanctions se limitent seulement à un éventuel recouvrement des sommes versées dans le cadre de la convention sans prévoir de pénalités autres[324]. On constate la plupart du temps que les peu de documents qui sont exigés par les conventions sont communiqués mais sont « *lacunaires* » ou « *inconsistants* » sans que cela n'ait de conséquence particulière sur la subvention objet de la convention en cours et même sur la question d'un renouvellement de la convention[325].

Manque de séduction des conventions. On comprend alors mieux le manque d'intérêt des collectivités locales pour ce type de convention d'objectifs qui n'en fixe en réalité aucun. En effet, quel est l'intérêt pour la personne publique de conclure ce

---

321 On peut considérer que pour une petite commune un seuil plus faible soit envisagé. Le Conseil d'Etat dans son rapport de 2000 évoquait plutôt le chiffre de 50 000 francs soit 7500 euros et la Cour des Comptes dans son rapport de 2014 recommande aussi de baisser ce seuil pour un certain nombre de secteurs.

322 Circulaire du 18 janvier 2010 du Premier Ministre relative aux relations entre les pouvoirs publics et les associations : conventions d'objectif et simplification des démarches relatives aux procédures d'agrément, *JORF*, 20 janvier 2010.

323 A savoir la transmission obligatoire d'un « compte-rendu financier », des « comptes annuels » ainsi que le « rapport d'activités ».

324 La convention instaure également un mécanisme de résiliation unilatérale pour faute de la convention ouvert aux deux parties contractantes en cas de non respect de cette dernière.

325 Cour des comptes, *Rapport Public*, *op. cit.*, pp. 134-136.

type de convention qui, en l'état actuel du droit, ne lui permet pas d'avoir des moyens de contrôle et de direction supérieurs à ceux dont elle dispose à l'occasion du versement unilatéral d'une subvention. L'intérêt est plus grand pour les associations qui voient là un moyen d'avoir un financement pluriannuel[326] ainsi qu'un moyen de pression pour obtenir réellement les fonds alloués par la personne publique. Pourtant, le conventionnement de la subvention pourrait avoir, pour les différents acteurs de la fête, bien des avantages.

b) Les bienfaits attendus d'une meilleure contractualisation

Les trois acteurs principaux de la fête subventionnée gagneraient tous à une meilleure contractualisation de ce financement.

S'agissant de la personne publique d'abord. Une contractualisation aboutie du financement subventionné de la fête permettrait à la personne publique de vérifier que les fonds alloués correspondent véritablement aux objectifs définis par cette dernière et sont affectés aux manifestations pour lesquelles ils sont prévus. L'objectif d'une telle démarche étant d'avoir une politique de subventionnement contractualisée qui soit cohérente et rationnalisée pour chaque personne publique. Les subventions font partie des seuls fonds publics dont l'affectation est très peu contrôlée. Autre avantage non négligeable, la personne publique se mettrait à l'abri de diverses sanctions venant, notamment, de la part des juges du compte qui peuvent sanctionner ce type de comportements peu prudents.

S'agissant du bénéficiaire de la subvention. Evidement, de prime abord le procédé contractuel peut apparaitre comme menaçant et intimidant pour les associations bénéficiaires de fonds publics. Nous pensons tout le contraire. En effet plus qu'un moyen de contrôle la conclusion d'une convention d'objectifs doit être présentée comme un «*partenariat*»[327]. Car pour l'association, la conclusion d'une convention permet en premier lieu la naissance ou le renouvellement d'un dialogue avec la personne

---

[326] La convention d'objectifs peut en effet être conclue pour une durée de quatre ans maximum.

[327] Nous reprenons ici le substantif utilisé par le Conseil d'Etat : Cons. d'Et., *Rapport Public 1999*, *op. cit.*, p. 301.

publique[328]. Ce processus contractuel permet en deuxième lieu à l'association d'avoir une réflexion sur ses modes de fonctionnement ainsi que sur la nature des engagements qu'elle prend à l'endroit des personnes publiques. En troisième lieu, il permet également une sécurisation des subventions globales, surtout sur le plan financier avec la possibilité offerte à la personne publique de s'engager pour quatre années. Il permet en dernier lieu de responsabiliser le secteur associatif, tout comme il permet la responsabilisation des personnes publiques dans leurs rapports avec les associations.

S'agissant des administrés concernés par la fête. Les administrés sont très concernés par cette contractualisation souple, et ce à deux titres. D'une part ils sont les premiers destinataires des projets subventionnés et d'autre part ils sont les premiers contribuables participant à ce financement[329]. Le principe de transparence, qui prend de plus en plus de place dans la vie politique et administrative française, commande que les administrés puissent avoir droit à une information claire de la façon dont les deniers publics sont utilisés et contrôlés. La contractualisation apparaît alors comme un moyen efficace de garantir cette transparence.

2. Pour un développement de la contractualisation des subventions publiques de la fête

Au vu des raisons que nous venons d'exposer un développement du procédé contractuel pour accompagner la subvention apparaît plus que jamais nécessaire. Ce développement, pour lequel nous plaidons, devra se situer sur deux pans différents : un pan quantitatif (a) ainsi qu'un pan qualitatif (b).

---

328 Dialogue quasiment absent de la procédure classique d'instruction d'une subvention sèche.

329 Ils participent même parfois deux fois, par le biais de l'impôt et par le biais de droits éventuels d'entrée sur ce type de manifestations.

a) Pour un développement quantitatif de la contractualisation des subventions publiques

Afin d'augmenter le recours aux conventions d'objectifs accompagnant les subventions il nous semble que trois avancées peuvent être améliorées : augmenter les sanctions en cas de non respect de l'obligation légale de conventionnement, abaisser le seuil réglementaire en deçà duquel une telle obligation n'en est pas une et enfin améliorer l'attractivité de ces conventions pour les personnes publiques, ce qui nous amènera vers le volet du développement qualitatif de la subvention.

La question des sanctions. Le mécanisme de sanction de cette obligation légale nous paraît mal adapté pour pouvoir lutter contre le manque de volonté manifesté par les élus à l'endroit de ces conventions. En effet, le premier sanctionné sera le comptable public qui peut voir sa responsabilité personnelle et pécuniaire engagée. Certes, s'il a en théorie le devoir de ne pas effectuer la dépense en l'absence de la convention d'objectifs, les diverses études menées montre bien que la pression politique vient souvent à bout du devoir des comptables publics. On sait également que la personne publique commet une faute lorsqu'elle se rend coupable d'un défaut de contrôle[330] mais celui qui doit être sanctionné devrait être l'ordonnateur dont la responsabilité devrait pouvoir être engagée. Tant que les élus ne courront pas de risques ils pourront faire fit indéfiniment de cette obligation légale.

La question du seuil réglementaire. Le seuil réglementaire au-delà duquel les collectivités locales ont l'obligation de conclure une convention est fixé depuis 2001 à 23 000 euros. Ce seuil, élevé[331], nous paraît mal adapté à la réalité du monde des subventions. Il est, d'une part, inadapté en ce qui concerne les différentes collectivités locales qui financent la fête. Il conviendrait, selon nous, d'adapter ce seuil à la taille des collectivités, certaines passant nécessairement entre les mailles du filet. Mais ce seuil apparait, d'autre part, inadapté en ce qui concerne les diffé-

---

330 Cons. d'Et., 6 juillet 1973, *Ministre des Finances et Ministre des Affaires étrangères c/ Sieur Gomel et a.*, req. n°80958, 80235 à 80238, *Rec.* p. 475.

331 Le Conseil d'Etat dans son rapport de 2000 évoquait plutôt le chiffre de 50 000 francs soit 7500 euros et la Cour des comptes dans son rapport de 2014 recommande aussi de baisser ce seuil

rents domaines subventionnés. Le seuil est par exemple identique en ce qui concerne les subventions d'équipement ou de subventionnement mais aussi entre différents secteurs qu'il s'agisse de l'aide au développement économique ou de l'aide à la culture.

La question de l'attractivité des conventions. Mais le meilleur moyen d'augmenter le recours à la contractualisation reste encore de rendre les conventions d'objectifs plus attractives. C'est ce que nous exposerons en ce qui concerne le développement qualitatif des conventions de subventions.

b) Pour un développement qualitatif de la contractualisation des subventions publiques

Pour améliorer la contractualisation des relations financières entre les personnes publiques on doit s'interroger d'une part sur le meilleur instrument contractuel pour ce faire tout en s'interrogeant d'autre par sur le régime qui doit s'appliquer à ce type d'instrument.

Quel instrument contractuel pour la subvention publique ? Nous pensons à l'instar d'une partie de la doctrine[332] que la convention d'objectifs est un contrat légal *ad hoc* qui se distingue des autres catégories de contrats administratifs existantes. Une fois cela étant dit, il nous faut encore préciser ce que doit prévoir cette convention spécifique. Nous nous proposons de les appeler « *Conventions d'objectifs, de moyens et d'évaluation des subventions* » ce qui nous permet de mettre en lumière les trois grands aspects de ces conventions avec un quatrième aspect réservé aux sanctions. Le modèle que l'on propose dans les lignes qui suivent s'appuie sur le modèle unique du Premier Ministre tout en améliorant certains points.

En premier lieu, les conventions doivent prévoir de manière précise l'objet de la subvention. Il s'agit d'établir un descriptif très précis du projet financé en mettant bien en exergue l'importance de la manifestation au sein des politiques publiques de la collectivité qui finance ce projet. Il s'agit également de préciser quelles

---

332 Voir notamment : NICINSKI (S), « Les associations et le droit administratif : plaidoyer pour la convention d'objectifs et de moyen », *Droit Adm.*, 2006, p. 7 ; BOITEAU (C), « Conventions avec les associations », Fascicule n°624, *Jurisclasseur Contrats et Marchés Publics,* Lexis Nexis.

sont les retombées attendues pour les administrés de la collectivité mais aussi plus largement pour le territoire.

En deuxième lieu, les conventions doivent prévoir de manière précise la nature des moyens que la collectivité s'engage à fournir pour la tenue de la manifestation. Il s'agit de préciser s'il s'agit d'une somme d'argent, de mise à disposition de locaux voire de personnels. Mais la convention doit aller plus loin en prévoyant les modalités de versement de la subvention et surtout en prévoyant précisément l'affectation future des fonds alloués.

En troisième lieu, les conventions doivent prévoir de véritables moyens d'évaluation du projet subventionné. Cela signifie que les conventions doivent prévoir les critères sur la base desquels l'évaluation doit se réalisée. Le modèle de subvention de 2010 prévoit une évaluation conjointe par l'association et la personne publique du projet financé. Nous pensons que cela est une bonne chose qui permet de tenir compte de la spécificité du milieu associatif dans lequel s'inscrit cette convention. Nous pensons cependant que cette évaluation doit être mieux préparée en amont en précisant les modalités pratiques de cette évaluation[333].

En quatrième lieu, les conventions doivent prévoir un panel de sanctions contractuelles performantes. Si le modèle de convention établi par le Premier Ministre prévoit la restitution totale ou partielle des sommes versées en cas de non respect des obligations contractuelles il conviendrait d'instaurer la possibilité de mettre à la charge de l'association des pénalités contractuelles, de préciser que la violation de la convention aura pour effet de suspendre les relations entre la collectivité et l'association. Nous pensons également que devraient figurer une clause empêchant le renouvellement de la convention si l'évaluation n'est pas satisfaisante[334]

La construction de ces conventions est toujours une action délicate, et ce pour deux raisons principales. D'une part, la per-

---

333 Notamment prévoir dès l'établissement de la convention un certain nombre de réunion en présence des deux parties pendant la durée du projet et à l'issue de la tenue du projet.

334 Pour l'instant le non renouvellement est conditionné par le refus d'établir une évaluation et de communiquer les documents contractuellement communicables à la personne publique.

sonne publique se doit de respecter le principe constitutionnel de liberté d'association et son contrôle sur la subvention ne doit pas apparaître comme un contrôle de l'association qui relèverait de l'ingérence[335]. D'autre part, si la personne publique semble diriger l'association alors cette dernière sera considérée comme une association transparente avec de lourdes conséquences juridiques à la clé[336].

Quel régime juridique pour cet instrument contractuel ? Une fois le modèle de convention établit encore faut il se demander à quel régime juridique il doit être soumis. On traitera cette question de manière classique en évoquant tour à tour la passation, l'exécution et le contentieux.

D'abord s'agissant du régime de passation des conventions. Celle-ci, bien qu'elle doive être encadrée, doit demeurer en dehors du champ des obligations légales, communautaire et constitutionnelles relatives aux principes de la commande publique. En effet la logique n'est pas la même, la convention a simplement pour objectif de contrôler et d'évaluer les deniers publics versés à une association pour financer un ou plusieurs de ses projets. Elle n'entre pas dans le champ de la commande publique[337]. La procédure de passation de la convention mise en place doit permettre de vérifier que le versement de la subvention et concomitamment la conclusion de la convention répond à un intérêt public local, s'inscrit dans le cadre des compétences de la personne publique et participe de ses politiques publiques.

Ensuite s'agissant du régime d'exécution de la convention. En ce qui concerne la possibilité de modifier la convention, les deux parties pourront convenir d'un avenant si les modalités de mise en œuvre du projet financé ont changé ou si des difficultés apparaissaient au cours de la réalisation de la manifestation. L'association

---

335 Notons d'ailleurs que l'ingérence d'une personne publique au sein d'une association est sanctionnée par le juge judiciaire : Cass., Civ., I, 24 octobre 1977, Bull. p. 386 et par le juge administratif : Cons. d'Et., 10 février 1978, *Secrétaire des Postes et télécommunications*, req. n°02643, *Rec.* T. p. 683.

336 Cons. d'Et., 5 décembre 2005, *Département de la Dordogne*, req. n°259748, *Rec.* p. 552.

337 Notons que parfois, la subvention, car elle correspond à la satisfaction d'un besoin, pourra être requalifiée en contrat de la commande publique : voir infra pp. 118 et s.

pourra bien sur se prévaloir de la convention et pourra saisir le juge du contrat pour qu'il oblige la personne publique à respecter ses obligations contractuelles.

Enfin, le régime contentieux sera celui, classique, des contrats administratifs[338]. S'offrent ainsi aux requérants tous les recours aujourd'hui possibles et notamment le recours en reprise des relations contractuelles. La personne publique pourra également voir sa responsabilité engagée pour manquement à ses obligations contractuelles[339].

Si la contractualisation souple est loin d'être salutaire, nous pensons cependant que les acteurs publics et privés peuvent lui donner les moyens d'être efficace[340], peut être autant que la contractualisation dure qui semble porteuse de plus d'espoirs.

§ 2. La contractualisation dure du financement public de la fête

Pourquoi parle-t-on de contractualisation dure du financement public de la fête ? Il s'agit de marquer le contraste avec les conventions d'objectifs, de moyens et d'évaluation qui viennent accompagner l'acte unilatéral de subvention. Ici le financement public de la fête ne va se faire que par le biais d'un acte contractuel.

Il nous faut bien distinguer deux types de contractualisation différents ici. En effet, ce recours aux contrats peut être une volonté assumée de la personne publique (A), il peut aussi être issu de la volonté du juge qui va requalifier un acte en contrat et notamment en contrat de la commande publique (B).

---

338 Le juge administratif se reconnaît en effet compétent en ce qui concerne le contentieux des conventions d'objectif, voir par exemple : CAA Lyon, 18 avril 2013, *Commune de Saint-Nectaire*, req. n°12LY01547. Le modèle de convention établi par le Premier Ministre donne également la compétence juridictionnelle au Tribunal Administratif matériellement compétent.

339 Cons. d'Et., 16 février 2005, *M. X c/ Commune de Sarreguemines*, req. n°257253.

340 Notons qu'une réponse ministérielle évoque la refonte prochaine et sans doute bienvenue de la circulaire du 28 janvier 2010 (Rép. Min. n°14049, *JO S. Q*, 19 février 2015, p. 396).

A. La contractualisation assumée

Lorsqu'une personne publique souhaite financer une manifestation festive sur son territoire suivant un procédé contractuel elle peut le faire de deux manières différentes. Elle peut en effet faire le choix classique du recours aux contrats de la commande publique (1) mais elle peut aussi faire le choix moins traditionnel du recours à la technique de l'appel à projet (2).

1. Le recours assumé aux contrats de la commande publique

En ce qui concerne le financement de la fête la personne publique peut passer deux types de contrats de la commande publique différents. Il s'agit la plupart du temps des marchés publics (a) mais il peut également s'agir des contrat de délégation de service public (b).

a) Le recours fréquent : les marchés publics

C'est la forme la plus rependue de contrat public utilisée pour financer la fête par les personnes publiques. Aux termes de l'article 1er du Code des marchés publics « *Les marchés publics sont les contrats conclus à titre onéreux entre les pouvoirs adjudicateurs « ... » et des opérateurs économiques publics ou privés, pour répondre à leurs besoins en matière de travaux, de fournitures ou de services.* ». Il s'agit dans cette hypothèse, pour la personne publique, de financer un projet à son initiative répondant à un besoin qu'elle exprime et pour lequel l'opérateur privé est rémunéré par une contrepartie directe.

La distinction opérée par le code des marchés publics et le juge administratif entre marché public de service et marché public de services culturels ne nous importe que peu ici[341] à l'exception du régime de leur passation puisqu'ils peuvent bénéficier de la procédure classiquement qualifiée par la doctrine d'« *allégée* » de

---

341 « *Les textes du droit de la commande publique ne comportent aucune exception générale pour les services culturels* », NICINSKI (S), « Culture et concurrence selon le juge administratif », *RFD Adm*, 2014, p. 837.

l'article 28 du Code des marchés publics. Ils sont considérés par le droit communautaire comme des services non prioritaires[342].

Le droit des marchés publics s'applique donc de manière on ne peut plus classique pour l'organisation des fêtes qu'elles soient culturelles ou non. Et les personnes publiques s'en servent de manière relativement importante car contrairement à une idée répandue[343] les marchés publics présentent de nombreux avantages tant pour la personne publique que pour ses partenaires. Ces marchés publics peuvent prendre deux formes différentes : celle de marchés accessoires à l'organisation de la fête (location de chapiteaux, services de restauration collective, services de sécurité...) ainsi que celle de marchés de services plus globaux consistant en l'organisation et la gestion totale de la fête (organisation d'un festival, organisation de la fête de noël…).

b) Le recours ponctuel : les délégations de service public

Présence d'un service public de la fête. Pour que la personne publique puisse passer une délégation de service public, il faut, chose évidente, qu'il y ait existence d'un service public[344]. La question ne se pose en effet pas dans les mêmes termes pour les marchés publics. Certaines fêtes ne répondent pas aux critères jurisprudentiels d'identification du service public.

Nous allons voir ce cas de figure en nous penchant sur deux arrêts rendus à propos du « *Festival Les voix du Gaou* ». Dans cette affaire se posait la question de savoir si le festival organisé pour la commune par un professionnel du spectacle devait être qualifiée

---

342 La directive marchés publics de 2014 vise à son article 74 notamment les services d'organisation d'expositions, de foires et de congrès, d'organisation de séminaires, d'organisation d'événements, d'organisation d'événements culturels, d'organisation de festivals, d'organisation de fêtes, d'organisation de défilés de mode, d'organisation de foires et d'expositions.

343 Le rapport d'une commission d'enquête de l'Assemblée nationale entend d'ailleurs faire le « *procès de la commande publique* » (*Rapport req. n°2383 fait au nom de la commission d'enquête chargée d'étudier les difficultés du monde associatif dans la période de crise actuelle, de proposer des réponses concrètes et d'avenir pour que les associations puissent assurer leurs missions, maintenir et développer les emplois liés à leurs activités, rayonner dans la vie locale et citoyenne et conforter le tissu social,* p. 126).

344 Notons que ce service public peut être un service public administratif, ce qui, la plupart du temps, est le cas.

de service public. La Cour administrative de Marseille[345] avait conclu à la présence d'une activité de service public sur les conclusions contraires de son rapporteur public. La Cour a en effet considéré « *qu'eu égard aux conditions de sa création, à celles de son organisation et de son fonctionnement, le Festival Les voix du Gaou a constitué, dès l'origine, une activité de service public administratif* ». Le Conseil d'Etat[346], saisi en cassation, annule l'arrêt de la Cour sur ce point. Il considère en effet qu'elle a commis une erreur de droit en se fondant sur « *sur la nature des prestations confiées à la société Adam concerts, consistant à organiser chaque été neuf concerts de musique de variétés, ainsi que sur la circonstance que la commune avait créé ce festival, le subventionnait et en mettait les lieux à disposition de l'exploitant* » et en relevant « *l'absence, notamment, de tout contrôle de la personne publique sur la programmation artistique et sur les tarifs des spectacles,* ». Le Conseil d'Etat en déduit que « *la commune ne pouvait être regardée comme faisant preuve d'une implication telle que les conditions d'organisation de ce festival permettent de caractériser une mission de service public* ». Il fait ainsi une application plus fine et plus restrictive de sa méthode, bien connue désormais, du faisceau d'indice[347]. L'organisation de ce festival ne pouvait donc pas se faire par le biais d'une délégation de service public.

Les critères de la délégation de service public. Une délégation de service public doit avoir pour objet de confier à un tiers la gestion et l'exploitation d'un service public dont la collectivité est responsable. La rémunération du cocontractant de l'administration doit être substantiellement liée aux résultats de l'exploitation. Ce critère a été interprété par le juge administratif comme transférant au délégataire le risque d'exploitation du service. Si ces deux critères ne sont pas réunis, il ne s'agit pas d'un contrat de délégation de service public mais d'un marché public.

A coté de cette contractualisation classique de la commande publique s'est développée une nouvelle forme contractuelle originale, l'appel à projet.

---

345 CAA Marseille, 2 mai 2013, *Commune de Six-Four-Les-Plages,* req. n°11MA01645.

346 Cons d'Et., 23 mai 2011, *Commune de Six-Fours-les-Plages*, req. n°342520, *Rec.* p. 255.

347 Cons. d'Et., Sect., 22 février 2007, *APREI*, req. n°264541, *Rec.* p. 92.

2. Le recours assumé à la technique de l'appel à projet

La technique de l'appel à projet s'est développée depuis une vingtaine d'années et semble pouvoir correspondre au financement de projets de manifestations festives. C'est à ce titre qu'il s'agit d'un contrat à la fois original et attractif (b). Il ne faudrait pas pour autant le considérer comme un graal tant l'appel à projet demeure un contrat relativement instable (a).

a) L'appel à projet, un contrat relativement indéfini

Il est assez surprenant de constater, lorsque l'on s'intéresse à la technique des appels à projet, que la littérature sur le sujet commence systématiquement sur le même constat : « *l'appel à projet est une notion dont on cerne mal les contours* »[348], « *notion incertaine* »[349], « *dont on ne sait pas à quoi elle correspond vraiment* »[350]. Ces difficultés d'appréhension sont un indice de sa relative instabilité.

Un contrat original. L'appel à projet est un mécanisme orignal en ce sens qu'il s'est développé de manière presque entièrement empirique[351]. L'appel à projet a très tôt été rangé entre la subvention et le marché public par le juge administratif[352], et c'est toujours là qu'il demeure aujourd'hui. Le juge administratif a eu du mal à appréhender cette technique nouvelle d'octroi de fonds publics. Il était face à un véritable « *objet juridique non identifié* »[353]. Un arrêt de 1999 montre bien ce malaise, il semble prendre la procédure avec des pincettes mettant même l'expression entre

---

348 KOEBEL (B), « Appel à projets : gare à la requalification ! », *JCP A*, 2012, req. n°2270

349 SESTIER (J-F), « L'appel à projets : déclin de la subvention et regain de la commande publique ? », *RFD Adm*, 2014, p. 411.

350 BENJAMIN (M-Y) et BONNEFONT (R), « Quel avenir pour la procédure d'appel à projets ? », *AJDA*, 2010, p. 475.

351 La technique est mentionnée dans la circulaire du Premier Ministre précitée de 2010.

352 Cons. d'Et., 24 juin 1991, *Bans et autres*, req. n°65671, 69230, *Rec.* T. p. 732.

353 BENJAMIN (M-Y) et BONNEFONT (R), « Quel avenir pour la procédure d'appel à projets ? », *op. cit.*, p.475.

guillemets[354]. Il qualifie alors l'appel à projet d'acte préparatoire à la conclusion d'une subvention.

On peut tenter de définir l'appel à projet comme le dispositif contractuel en vertu duquel une personne publique définit un certain nombre d'objectifs en cohérence avec ses politiques publiques et invite des personnes privées ou publiques à présenter des projets y répondant en leur laissant l'initiative de leur contenu et de leur mise en œuvre.

b) L'appel à projet, un contrat attractif

L'appel à projet est une technique qui présente de nombreux avantages, notamment pour la personne publique, mais pas seulement.

En premier lieu elle permet de réveiller, vivifier, stimuler, encourager l'initiative privée dans un domaine particulier que la personne publique souhaite voir se développer sur son territoire. La personne publique jouit à ce moment d'un double avantage particulièrement intéressant : elle garde la maîtrise de la procédure tout en n'assumant pas la responsabilité du projet. Ce qui peut s'avérer extrêmement séduisant pour une collectivité publique.

En deuxième lieu elle permet d'optimiser la dépense des deniers publics. Cette optimisation passe avant tout par un effort de rationalisation et de mise en cohérence des projets financés avec les politiques publiques de la collectivité. La personne publique pourra alors mener une véritable politique de subvention harmonieuse.

En troisième lieu, l'appel à projet permet d'atténuer le caractère discrétionnaire de l'attribution d'une subvention, souvent mal vécu par le monde associatif en particulier, en s'attachant à préserver un principe de transparence.

En quatrième lieu, les appels à projets sont aussi des moyens de sécurisation du subventionnement public à l'image des conventions d'objectifs.

---

354 Cons d'Et., 29 novembre 1999, *Fédération de la formation professionnelle*, req. n°202685, *Rec.* T. p. 582.

Notons enfin, en dernier lieu, que cette technique nous paraît très adaptée en ce qui concerne l'organisation de fêtes et notamment de fêtes culturelles. En effet, susciter un large panel d'initiatives privées sur un secteur qui intéresse un grand nombre d'administrés permet à la personne publique d'avoir un éventail de choix conséquent permettant de rendre compte de toute la diversité de la fête.

Parfois cependant, la personne publique perd la maîtrise du financement de la fête et se heurte à la requalification contentieuse.

B. La contractualisation forcée, le risque de requalification en contrat de la commande publique

On a pu parler, à propos du financement public des associations, de « *foyers à risques* »[355]. Le principal de ces risques[356] étant, à notre sens, celui de la requalification par le juge administratif en contrat de la commande publique. Cette requalification emporte des conséquences importantes puisque le régime de passation notamment est bien différent selon que l'on se place dans le spectre de la commande publique ou non. Cette requalification contentieuse est loin d'être hypothétique tant les requérants éventuels sont désormais nombreux : contribuable, entreprise concurrente d'une association par exemple, association mécontente, élus d'opposition, et toujours le Préfet qui, au titre du contrôle de légalité, demeure particulièrement vigilant sur cette question[357].

La question de la requalification se pose en termes simples : une subvention simple ou conventionnée peut devenir un contrat

---

355 SESTIER (J-F), « L'appel à projets : déclin de la subvention et regain de la commande publique ? », *op. cit.*, p. 414.

356 Il existe également un autre risque qui n'entre pas dans notre thème, celui de la requalification en aide d'état. Sur ce point voir notamment : SESTIER (J-F), « L'appel à projets : déclin de la subvention et regain de la commande publique ? », *op. cit.*, p. 416.

357 Le contrôle de légalité du préfet s'exerce en effet principalement sur deux domaines : l'urbanisme et les contrats publics : CADIEU (P), « Les « *mises en scène* » du contrôle de légalité ou « *l'amour du censeur* », *Revue Lamy CT*, 2012, p. 78.

de la commande publique, idem pour un appel à projets[358]. Les critères de la requalification se posent dans les mêmes termes ces deux hypothèses (1) tout comme les règles gouvernant les exceptions à cette requalification (2).

1. Les critères de la requalification

Le juge administratif et la doctrine identifient classiquement deux critères de distinction des appels à projets et des subventions avec les contrats de la commande publique : il s'agira d'une part du critère de l'initiative du projet financé (a) et d'autre part du critère de l'existence d'une contrepartie directe pour la personne publique (b).

a) Le critère discutable de l'initiative du projet

Identification du critère. Le critère de l'initiative du projet est bien mis en exergue par la définition légale de la subvention : « *Ces actions, projets ou activités sont initiés, définis et mis en œuvre par les organismes de droit privé bénéficiaires* ». Il l'est également par la circulaire de 2010 en ce qui concerne les appels à projets qui souligne que « *ce sont bien [les associations] qui prennent l'initiative de ces projets* ». Mais c'est, comme souvent, le juge administratif qui l'a consacré. Le commissaire du gouvernement F. Séners parlait de « *critère de l'intentionnalité* »[359]. Le juge administratif l'utilise indifféremment pour fonder la requalification[360] ou au contraire pour la dénier[361].

Critère de l'initiative et subventions. Le critère de l'initiative est le critère le moins problématique en ce qui concerne les subventions. La procédure d'octroi d'une subvention demeure en effet liée à la présentation d'une demande par l'association. Notons toutefois que les collectivités publiques font parfois preuve d'une certaine malice toujours sanctionnée par le juge ad-

---

358 On pourrait se poser la question de la requalification interne à la commande publique, c'est-à-dire un marché public en délégation de service public et vice-versa, ce qui, en matière culturelle, pose souvent problème.

359 SENERS (F), concl. sur Cons. d'Et., 26 mars 2008, *Région de La Réunion*, req. n°284412, *Rec.* p. 114, *BJCP*, 2008, p. 246.

360 Cons d'Et.., 23 mai 2011, *Commune de Six-Fours-les-Plages*, req. n°342520, *op. cit.*

361 CAA Nancy, 5 avril 2007, *Compagnie national des ingénieurs et experts forestiers en bois et a.*, req. n°04NC00406.

ministratif. Ainsi, en 2006 le tribunal administratif de Melun a-t-il requalifié en marché public une convention d'objectifs pour l'octroi d'une subvention par le Département de Seine-et-Marne avec deux associations pour l'organisation du « Festival de Seine-et-Marne »[362]. Le Département soutenait qu'il n'était pas à l'initiative du festival mais que c'était bel et bien un projet d'initiative privée. Mais le commissaire du gouvernement n'a eu qu'à observer la politique générale du département en relevant que l'organisation ce festival était une des « *77 mesures annoncées par le Département* »[363].

Critère de l'initiative et appel à projets. La situation semble beaucoup plus délicate en ce qui concerne les appels à projets. En effet on dit classiquement ici que la personne publique possède l'initiative de l'initiative. Quelle est alors la part de l'initiative publique et celle de l'initiative privée ? Pour l'observateur que nous sommes, il semble que l'initiative provienne de la personne publique qui fait un appel public pour présenter des projets répondants à un certain nombre d'objectifs. Mais le Conseil d'Etat a considéré qu'il ne s'agissait pas d'une initiative de la personne publique mais d'une « *simple invitation* » à candidater. Le juge administratif distingue ainsi l'initiative de l'appel à projet de l'initiative du projet lui-même. L'on en conviendra, la Haute juridiction n'emporte pas vraiment la conviction et ce d'autant plus que le critère de l'initiative nous semble être voué à l'extinction.

Avenir du critère. Le critère de l'initiative publique n'est plus un critère déterminant pour la qualification en contrat de la commande publique que ce soit pour la qualification en marché public[364] ou en délégation de service public[365] comme pour les contrats de partenariat d'ailleurs puisque les opérateurs économiques peuvent proposer un projet à une personne publique qui pourra donner suite à l'ouverture d'une procédure. Le critère de la

---

362 TA. Melun, 1 décembre 2006, *Département de Seine-et-Marne*, req. n°065188.

363 Dewailly (S), concl. sur TA. Melun, 1 décembre 2006, *Département de Seine-et-Marne*, req. n°065188, *AJDA*, 2007, p. 856.

364 TA. Melun, 1 décembre 2006, *Département de Seine-et-Marne*, req. n°065188.

365 Cons. d'Et., Sect., 6 avril 2007, *Commune d'Aix-en-Provence*, req. n°284736, *Rec.* p. 155.

contrepartie directe pour la personne publique semble, lui, puis en accord avec le droit de la commande publique.

b) Le critère plus pertinent de la contrepartie directe

Identification du critère. C'est le juge fiscal qui est venu le premier fixer ce critère de distinction entre contrat de la commande publique et subventions car les deux instruments ne sont pas soumis au même régime de TVA[366]. Le Conseil d'Etat distingue l'hypothèse dans laquelle on se trouve face à une rémunération de prestations et celle ou on se trouve face à une subvention. Il faut le versement d'une somme d'argent ne corresponde pas à la rémunération de « *prestations de service individualisables* »[367] au profit de la personne publique. On parle alors plus de subvention mais bel et bien de prix.

Subventions. La difficulté principale s'agissant des subventions vient le plus souvent des conventions d'objectifs qui les accompagnent. L'outil de sécurisation devient un motif d'insécurité. La frontière est difficile à trouver pour la personne publique qui doit se contenter d'exprimer des objectifs et non des besoins. Ainsi lorsque la personne publique se sert de la convention d'objectifs pour satisfaire des besoins précis et rémunère la personne privée pour ces prestations individualisées, le juge n'hésite pas à la requalifier en marché public[368] ou en délégation de service public[369].

Appels à projets. La difficulté est aussi élevée s'agissant des appels à projets. La jurisprudence interprète largement la notion de besoins du pouvoir adjudicateur et considère que ces besoins peuvent être directs ou indirects. Ainsi peut-il s'agir non seulement de besoins de la collectivité mais également de ceux liés à la mise en œuvre de ses compétences, voire même, parfois, de besoins de ses administrés[370]. Le juge va rechercher l'existence d'un lien direct entre la prestation réalisée dans le cadre du projet et le montant

---

366 Cons. d'Et., Sect., 6 juillet 1990, *C.O.D.I.A.C.*, req. n°88224, *Rec.* p. 210.

367 Cons. d'Et., 8 juillet 1992, *MIDEM Organisation*, req. n°80731, *Rec.* T. p. 939.

368 CAA. Douai, 19 février 2009, *Département de l'Oise*, req. n°07DA00027.

369 CAA. Lyon, 18 avril 2013, *Commune de Saint-Nectaire*, req. n°12LY01547.

370 CAA Lyon, 3 nov. 2005, *Commune de Montluçon,* req. n°00LY01015.

des sommes versées. De l'appel à projet au contrat de la commande publique il n'y a qu'un pas. Et c'est parfois le juge lui-même qui force la personne publique à faire ce pas. Le juge exige de la procédure d'appel à projet un degré de précision poussé la rapprochant irréductiblement de la procédure d'appel d'offres[371]. Un des meilleurs moyens de se prémunir de la requalification consiste dans le fait que la personne publique fasse mention de l'enveloppe budgétaire disponible au moment de la publication de l'appel à projets, ce qui rend la démonstration du lien direct avec la contrepartie difficile à établir. L'appel à projets est donc à utiliser avec parcimonie, précision et surtout à bon escient.

2. Les exceptions – parfois discutables – à la requalification

Quant bien même tous les critères pour la requalification d'une subvention ou d'un appel à projets en contrat de la commande publique seraient réunis, ces derniers peuvent tout de même échapper à cette qualification en bénéficiant d'exceptions prévues par le juge communautaire et administratif (a). Cet état du droit nous laisse tout de même quelques peu dubitatifs sur certaines questions (b).

a) Les possibilités d'échapper à la requalification

Il est désormais acquis que lorsque la personne privée financée par la personne publique n'est pas considérée comme agissant sur un marché concurrentiel fut il économique alors les règles de la commande publique ne doivent pas s'appliquer. Le Conseil d'Etat a décliné cette hypothèse dans le fameux arrêt *Commune d'Aix-en-Provence*. Il s'agit ici de deux situations différentes.

In house. La première hypothèse est, bien entendu, celle de la prestation dite *in house* ou intégrée. On connaît bien cette technique d'origine jurisprudentielle et qui est désormais consacrée par les textes communautaires. On ne peut se trouver en situation de *in house* que si la ou les personnes publiques possèdent sur l'organisme un contrôle analogue à celui qu'il exerce sur ses propres services et que cet organisme réalise au moins 80 % de

---

371 Cons. d'Et., Sect., 25 juin 1993, *Société Télé Free Dom*, req. n°116742, *Rec.* p. 183.

son activité pour le compte de ces personnes publiques. L'opérateur économique est alors un opérateur dédié à la personne publique qui empêche inévitablement sa qualification d'opérateur économique sur un marché concurrentiel. Notons que cette exception est en plein développement car, en plus d'inscrire dans le droit dérivé le mécanisme, les directives européennes l'élargissent[372].

Opérateur hors marché. La seconde hypothèse « *vise en fait les personnes qui doivent être regardées comme opérant « hors marché* »[373]. Il s'agit de l'hypothèse dans laquelle l'opérateur financé par la personne publique lui est indépendant mais ne peut pas pour autant être considéré comme opérant sur le marché en raison de la nature de son activité et des conditions dans lesquelles elle s'exerce. Cela signifie que sur le marché visé il n'y a pas lieu à libre concurrence. On peut penser que cette exception exceptionnelle ne joue que dans les cas où sur le marché pertinent, l'opérateur financé par la personne publique est le seul à pouvoir assumer cette activité d'intérêt général. C'est, selon nous, cette exception qui a joué dans l'espèce soumise au Conseil d'Etat dans l'affaire *Aix-en-Provence*[374]. On restera tout de même quelques peu dubitatif face à cette dernière hypothèse.

b) Discussion et perspectives

Le problème, selon nous, de cette seconde hypothèse c'est qu'elle laisse la porte trop ouverte pour se soustraire aux règles de la libre concurrence. Comme le relève E. Geffray, elle correspondrait bien à une activité d'intérêt général qui ne pourrait être assumée que par l'opérateur en question puisque le marché n'est pas suffisamment pertinent et attractif pour attitrer d'autres opéra-

---

372 Voir sur ce point : CLAMOUR (G), « Marchés et concessions "entre entités dans le secteur public" », *CMP*, 2014, n°6, dossier n°6.

373 GEFFRAY (E), « Les collectivités et les associations : subventions, prestations de services et délégation de service public, triangle équilatéral ou triangle des Bermudes ? », *RGFP*, 2010, p. 939.

374 En ce sens également, V. Schwartz (R), Observations sous Cons. d'Et., Sect., 6 avril 2007, *Commune d'Aix-en-Provence*, req. n°284736, *BJCP*, 2007, p. 292. D'autres auteurs considèrent toutefois que c'est l'hypothèse *in house* qui a joué : BOUCHER (J) et LENICA (F), « Relations entre collectivités publiques et personnes privées exerçant une mission de service public : mode d'emploi », *AJDA*, 2007, p. 1020.

teurs. Mais l'application de cette exception au festival lyrique d'Aix-en-Provence ne nous convainc pas réellement. On a tout de même du mal à croire que la mission de service public était exécutée « *hors marché* » par une association qui « *n'était pas* [...] *un opérateur économique sur un marché concurrentiel* »[375]. Dans tous les cas l'impérialisme du droit de la concurrence n'a pas dit son dernier mot concernant cette technique de soustraction aux règles gouvernant le marché[376].

Au terme de ces quelques lignes, on l'aura bien compris, entre les différents outils contractuels pour financer la fête et les différents acteurs de la fête les liaisons sont dangereuses voire parfois échangistes. Nous n'avions pas cité Frédéric Beigbeder en entier au début de notre communication qui écrivait *« le fric permet la fête qui permet le sexe »*[377].

---

375 SENERS (F), concl. sur Cons. d'Et., Sect., 6 avril 2007, *Commune d'Aix-en-Provence*, req. n°284736, *Rec.* p. 155, *BJCP*, 2007, p. 289.

376 Voir notamment sur ce point : KARPENSCHIF (M), « D'un festival, l'autre : premières conséquences de l'arrêt Commune d'Aix-en-Provence », *JCP A*, 2007, req. n°2228.

377 BEIGBEDER (F), *Vacances dans le coma*, *op. cit.*, p. 18.

Autoriser, déclarer la fête … mais pas sans l'ordre public !

Laura DAYDIE

Doctorante en droit public à l'UPPA

Membre de Pau Droit Public

L'objectif de valeur constitutionnelle de sauvegarde de l'ordre public[378] justifie que des limitations soient apportées à l'exercice de certaines activités telles que les fêtes.

En effet, les fêtes organisées sur le domaine de personnes publiques sont susceptibles de troubler l'ordre public au regard de ce qu'elles impliquent : rassemblements importants, diffusion d'une musique amplifiée, consommation d'alcool… autant de facteurs pouvant gêner la circulation sur la voie publique, la sécurité, la tranquillité et l'hygiène publiques.

Il est donc logique que de telles activités fassent l'objet de mesures « préventives » [379] mises en œuvre dans le cadre du pouvoir de police administrative, générale ou spéciale.

Le pouvoir de police générale permet à l'autorité de police[380] d'interdire ou d'imposer des limites à certaines activités qui risque-

---

378 Cons. const., 27 juillet 1982, *Loi sur la communication audiovisuelle,* décision n°82-141 DC, *Rec.* p.48.

379 Si le régime « préventif » consiste à autoriser ou interdire les comportements au cas par cas, le régime « répressif » consiste à punir les seuls comportements déjà érigés en infraction lorsqu'ils ont été commis.

raient de troubler l'ordre public sous réserve que l'interdiction ou la restriction soit nécessaire au regard de la gravité du trouble. Ce régime n'est pas le plus défavorable aux libertés dans la mesure où l'activité peut s'exercer librement tant que l'interdiction n'intervient pas.

Il arrive également que des lois instituent une police spéciale permettant ainsi à l'autorité de police de recourir à des interdictions et de subordonner l'exercice de certaines activités à l'obtention d'une autorisation ou d'une déclaration préalable. Les régimes d'autorisation ou de déclaration, qui conditionnent l'exercice de l'activité à la détention d'un titre, coexistent aux côtés du régime d'interdiction puisque le pouvoir de police générale existe toujours, même à l'égard des activités soumises à autorisation ou à déclaration. Ainsi, l'autorité de police peut se fonder sur les nécessités de l'ordre public pour interdire une fête foraine[381] ou un festival de musique[382] même si ces évènements sont soumis à autorisation.

Mais parce qu'ils affectent l'exercice des libertés publiques, les régimes d'autorisation et de déclaration ne peuvent être institués que par le législateur[383], lequel doit néanmoins tenir compte des limites imposées par le juge constitutionnel[384].

---

380 Soit le maire, soit le préfet en cas de carence du maire (Article L. 2215-1 du CGCT) ou d'office (Article L. 2214-1 du CGCT).

381 Cons. d'Et., 17 janvier 1969, *Commune de St-Genest-de-Contest*, req. n°73864, *Rec.* p. 29.

382 Cons. d'Et., 21 juin 1972, *Sieur Mallisson*, req. n°82997, *Rec.* p. 472.

383 L'article 34 de la Constitution prévoit que la loi fixe les règles « *concernant les garanties fondamentales accordées aux citoyens pour l'exercice des libertés publiques* ».

384 Cons. const., 11 octobre 1984, *Loi visant à limiter la concentration et à assurer la transparence financière et le pluralisme des entreprises de presse*, décision n°84-181 DC, *Rec.* p. 78. : « *Considérant que l'ensemble de ces dispositions (…) produit des effets équivalant à ceux d'un régime d'autorisation préalable ; qu'elles sont, de ce chef, contraires à l'article 11 de la Déclaration de 1789* ».

Il est donc impossible pour une autorité administrative de soumettre elle-même l'exercice d'une activité à un régime de déclaration[385] ou d'autorisation préalable[386].

Ce principe ne connaît qu'une exception, les activités qui supposent une utilisation du domaine public étant soumises à un régime d'autorisation préalable[387].

Les fêtes relèvent justement de ces deux types de réglementations dont les unes sont imposées par le législateur tandis que les autres sont fondées sur le droit de la propriété des personnes publiques.

Il est certes logique que l'autorité administrative chargée de recueillir la demande d'autorisation puisse s'y opposer sur le fondement d'exigences principalement liées à la sauvegarde de l'ordre public. En revanche, il serait plus étonnant que l'administration puisse refuser de délivrer un récépissé de déclaration dès lors qu'elle dispose en la matière d'une compétence liée. En réalité, ces deux régimes sont révélateurs de la nécessité pour l'autorité de police, et lorsqu'il est saisi, pour le juge, de concilier les libertés, en l'occurrence la liberté d'organiser une fête, avec les nécessités de l'ordre public auxquelles il convient parfois d'ajouter d'autres exigences.

Ainsi, malgré leur soumission à un simple régime de déclaration préalable, certaines fêtes, plus spécifiquement celles appelées « rave parties », peuvent se voir opposées des motifs tirés de la sauvegarde de l'ordre public et du droit à l'environnement (§ 1).

Il en va a fortiori de même s'agissant des fêtes soumises à autorisations qui doivent céder non seulement face à la nécessité

---

[385] Cons. d'Et., 2 mars 1934, *Sieur Prothée*, *Rec.* p. 1235 : un maire ne saurait soumettre les processions religieuses et autres manifestations extérieures du culte à déclaration préalable.

[386] Cons. d'Et., 22 juin 1951, *Daudignac*, req. n°00590 02551, *Rec.* p. 362 : est illégale la soumission, par le maire dans le cadre de ses pouvoirs de police, de l'exercice de la profession de photographe filmeur à un système d'autorisation préalable.

[387] Cons. d'Et., 29 janvier 1932, *Société des autobus antibois*, req. n°99532, *Rec.* p. 117.

du maintien de l'ordre public mais aussi, parfois, face à l'objectif de la meilleure utilisation du domaine public (§ 2).

§ 1. Les régimes de déclaration préalable applicables aux fêtes, illustration atypique d'un arbitrage favorable à la sauvegarde de l'ordre public et à la protection de l'environnement

Contrairement aux fêtes organisées dans un lieu privé qui ne nécessitent aucun titre, les « rave parties », à l'instar des autres fêtes organisées sur la voie publique, ont été progressivement soumises à un régime de déclaration préalable (A). Si l'autorité de police dispose en principe d'une compétence liée pour délivrer le récépissé de déclaration, elle doit parfois tenir compte d'exigences susceptibles de s'y opposer. A ce titre, les « rave parties » illustrent particulièrement la nécessité de concilier la liberté d'organiser une fête avec à la fois les nécessités de l'ordre public et le droit à l'environnement (B).

A. Les « rave parties » et autres fêtes progressivement soumises à un régime de déclaration préalable

L'ordonnance n°45-2339 du 13 octobre 1945 relative aux spectacles soumettait à autorisation préalable du maire les « *spectacles forains, exhibitions de chant et de danse dans les lieux publics et tous spectacles de curiosité et de variétés* ». La jurisprudence avait alors étendu ce régime d'autorisation aux festivals de musique « pop »[388]. Mais les dispositions instituant ce régime d'autorisation municipale, devenues « obsolètes » selon le projet de loi portant modification de l'ordonnance de 1945, ont été supprimées par la loi du 18 mars 1999[389]. En réalité, cette réforme s'inscrit dans la volonté de privilégier les régimes de déclaration aux régimes d'autorisation. Les premiers sont effectivement moins attenta-

---

[388] BOYON et NAUWELAERS, note sous Cons. d'Et., 11 juillet 1975, *Sieur Clément et Association pour la défense de la culture et de la musique contemporaine*, req. n°091193, *Rec.* p. 426; *AJDA*, 1975, p. 564.

[389] Article 10-III de la loi n°99-198 du 18 mars 1999 portant modification de l'ordonnance n°45-2339 du 13 octobre 1945 relative aux spectacles.

toires aux libertés puisqu'ils consistent simplement à avertir l'autorité publique de l'intention d'exercer une activité.

Conformément à cet objectif, diverses législations et réglementations ont progressivement confirmé ou imposé l'application d'un simple régime de déclaration.

Ainsi, aux termes de l'article R. 3322-2 du code de la santé publique, les fêtes et foires traditionnelles[390] doivent faire l'objet d'une déclaration auprès du préfet de département ou du préfet de police à Paris.

De même, l'article R. 111-22 du code de la sécurité intérieure[391] impose aux organisateurs de « *manifestations sportives, récréatives ou culturelles à but lucratif de plus de 1500 personnes* » d'en faire la déclaration auprès du maire[392].

L'article L. 211-1 du code de la sécurité intérieure[393] soumet également à déclaration « *tous cortèges, défilés et rassemblements de personnes, et, d'une façon générale, toutes manifestations sur la voie publique* », exception faite des « *sorties sur la voie publique conforme aux usages locaux* »[394]. Le juge administratif considérera donc comme illégale la décision soumettant à autorisation l'exercice d'une telle manifestation[395]. Si le terme « manifestation » désigne à première vue

---

390 Selon l'article R. 3322-1 du code de la santé publique, crée par le décret n°2011-613 du 30 mai 2011 relatif aux fêtes et foires mentionnées par l'article L. 3322-9 du code de la santé publique, « *Sont considérées comme traditionnelles, au sens de l'article L. 3322-9, d'une part, les fêtes et, d'autre part, les foires consacrées aux produits traditionnels, dont l'organisation est intervenue au moins une fois tous les deux ans, durant au moins dix ans et pour la dernière fois il y a moins de cinq ans* ».

391 Ancien article 1er du décret n°97-646 du 31 mai 1997 relatif à la mise en place de services d'ordre par les organisateurs de manifestations sportives, récréatives ou culturelles à but lucratif.

392 Auprès du Préfet de police à paris et auprès du préfet de police des Bouches-du-Rhône dans le département des Bouches-du-Rhône.

393 Ancien article 1er du décret-loi du 23 octobre 1935 portant réglementation des mesures relatives au renforcement du maintien de l'ordre public.

394 Une sortie « conforme aux usages locaux » est une sortie habituelle, telle qu'une fête de village ou une fête traditionnelle, qui se déroule depuis un certain temps et dont l'interruption ne fait pas pour autant disparaître l'usage. Voir en ce sens : Cons. d'Et., 3 décembre 1954, Sieur *Rastouil, évêque de Limoges*, *Rec.* p. 639.

395 Cons. d'Et., 1er février 1939, *La Lyre Mascaréenne*, *Rec.* p. 50.

toute manifestation organisée sur la voie publique à caractère politique, syndical ou religieux, il renvoie également – et c'est ce qui nous intéresse ici – aux manifestations sur la voie publique qui ne sont pas un mode d'expression collective des idées et des opinions mais qui correspondent à des évènements à caractère ludique ou culturel. La frontière peut paraître parfois délicate entre d'un côté, les fêtes traditionnelles soumises à déclaration préalable et de l'autre, les sorties conformes aux usages locaux qui échappent à l'application de ce régime. C'est alors au juge d'apprécier au cas par cas la catégorie – et donc le régime – dont relève l'évènement litigieux. Ainsi, le Conseil d'Etat a pu définir les cérémonies religieuses traditionnelles comme étant des sorties conformes aux usages locaux[396].

Enfin, s'agissant plus spécifiquement des « rave parties », une loi du 15 novembre 2001 est intervenue pour soumettre à déclaration préalable auprès du représentant de l'Etat dans le département concerné ou du préfet de police à Paris, les « *rassemblements exclusivement festifs à caractère musical, organisés par des personnes privées, dans des lieux qui ne sont pas au préalable aménagés à cette fin* » et qui répondent aux caractéristiques définies par l'article R. 211-2 du code de la sécurité intérieure[397].

Ce type d'évènement présente évidemment des risques d'atteinte non seulement à la sécurité, à la tranquillité et à la salubrité publiques mais également aux droits d'autrui, notamment au droit de propriété des riverains dont les terrains peuvent faire l'objet de dommages importants. Les dégâts s'avèrent particulièrement problématiques lorsque les sites d'accueil sont inclus dans le périmètre d'un espace fragile faisant l'objet d'une protection spécifique au regard du droit de l'environnement.

---

396 Cons. d'Et., 25 janvier 1939, *Abbé Marzy*, *Rec.* p. 709.

397 Ancien article 23-1 de la loi n°95-73 du 21 janvier 1995 d'orientation et de programmation relative à la sécurité tel que modifié par l'article 53 de la loi n°2001-1062 du 15 novembre 2001 relative à la sécurité quotidienne, désormais codifié à l'article L. 211-5 du code de la sécurité intérieure.

Or, avant la réforme de 2001, de nombreux rassemblements se déroulaient à l'insu des pouvoirs publics[398]. Il a donc fallu que les organisateurs de ces rassemblements transmettent au maire une information concernant le lieu de l'évènement afin qu'il puisse, dans le cadre de ses pouvoirs de police, restreindre ou interdire la manifestation en cas de menace à l'ordre public. Mais faute de moyens humains suffisants au regard du nombre de participants, les maires ne pouvaient pas toujours assurer l'effectivité de leurs arrêtés, ce qui a incité le législateur de 2001 à instaurer un régime de déclaration préalable tout en transférant la compétence au préfet de département.

Il a récemment été envisagé de transposer ce régime aux autres formes de rassemblements festifs entraînant une forte consommation d'alcool. Cette proposition a finalement été abandonnée, notamment parce qu'en soumettant à déclaration tous les rassemblements festifs alcoolisés, y compris ceux ayant lieu dans un cadre privé, elle aurait abouti à violer le droit à la vie privée défini à l'article 2 de la Déclaration des droits de l'homme et du citoyen de 1789. Quand bien même la réforme n'aurait soulevé aucun problème de constitutionnalité, la législation et la réglementation régissant les évènements festifs ont été jugées suffisantes[399].

Il serait à première vue logique que la délivrance des récépissés de déclaration soit systématique, l'autorité de police disposant toujours de la possibilité d'user de son pouvoir d'interdiction par la suite, en cas de menace à l'ordre public. Il arrive pourtant que des exigences liées à la sauvegarde de l'ordre public mais aussi à la protection de l'environnement soient susceptibles de faire obstacle à la délivrance des récépissés (B).

B. La sauvegarde de l'ordre public et le droit à l'environnement, des exigences susceptibles de

---

[398] Sénat, Rapport d'information n°95 de M. André REICHARDT et Mme Corinne BOUCHOUX, fait au nom de la mission d'information de la commission des lois sur les rassemblements festifs et l'ordre public, enregistré à la Présidence du Sénat le 31 octobre 2012.

[399] *Ibid.*

s'opposer à la délivrance du récépissé de déclaration d'une « rave party »

Lorsque l'ordonnance de 1945 soumettait certaines fêtes à autorisation, l'autorité de police compétente pouvait refuser de délivrer l'autorisation, mais sous réserve de se fonder sur des motifs tirés de la protection de l'ordre public.

Ainsi, le Conseil d'Etat a pu admettre le refus d'autorisation d'un maire au motif qu'il ne disposerait pas des moyens nécessaires pour assurer l'ordre public pendant le déroulement d'un festival de « musique pop »[400]. Il a en revanche jugé illégal le refus d'emplacement forain fondé sur un motif étranger à l'ordre public tel que celui du défaut d'assurance[401].

Désormais, les régimes de déclaration préalable imposent en principe à l'autorité administrative compétente de délivrer le récépissé de déclaration dès l'instant où toutes les informations requises sont indiquées. Parmi ces informations, figurent par exemple la nature de l'évènement, le nom et l'adresse de l'organisateur, le jour, le lieu et la durée de l'évènement ou encore le nombre prévisible de participants. Dans le cas des raves parties, la déclaration doit également être accompagnée de l'autorisation d'occuper le lieu[402] et comporter une série de précisions concernant notamment la sécurité et la santé des participants, la salubrité, l'hygiène et la tranquillité publiques, ou encore les modalités de stockage, d'enlèvement des déchets et de remise en état du lieu[403].

Dès lors que la déclaration comporte ces informations, le préfet est normalement tenu de délivrer le récépissé[404].

---

400 Cons. d'Et., 11 juillet 1975, *Sieur Clément et Assoc. pour la défense de la culture et de la musique contemporaine*, *op. cit.*

401 Cons. d'Et., 13 février 1953, *M. de Ternay*, *Rec.* p. 66.

402 Article R. 211-3 du code de la sécurité intérieure.

403 Article R. 211-4 du code de la sécurité intérieure.

404 Voir par exemple l'article R. 3322-2 du code de la santé publique à propos des déclarations de fêtes et foires, l'article L. 211-2 du code de la sécurité intérieure à propos des manifestations sur la voie publique, ou encore l'article R. 211-5 du code de la sécurité intérieure à propos des rassemblements festifs à caractère musical.

L'administration n'a qu'un rôle passif : « *en aucun cas, elle n'a à autoriser, ou à refuser d'autoriser, l'exercice de l'activité engagée* »[405].

Pourtant, les rassemblements à caractère festif, notamment ceux de type « rave party », sont susceptibles de troubler l'ordre public. Ce risque a conduit à l'adoption du décret du 3 mai 2002 dont l'article 5 permet au préfet de surseoir à la délivrance du récépissé lorsque, parmi les mesures contenues dans la déclaration, celles destinées à assurer l'ordre public ne sont pas suffisantes[406].

Bien qu'elle semble opérer un glissement du régime de déclaration préalable vers un régime proche de celui de l'autorisation, cette disposition a été jugée légale par le Conseil d'Etat dans un arrêt du 20 avril 2004, *Association Technopol*[407].

En réalité, un tel dispositif est tout à fait opportun. Conformément au droit commun de la déclaration préalable, le législateur aurait pu se contenter de prévoir la possibilité pour le préfet de délivrer le récépissé de déclaration, et éventuellement dans un second temps, d'interdire le rassemblement projeté au cas où il risquerait de troubler l'ordre public. Cette possibilité est d'ailleurs

---

405 LEBRETON (G), *Libertés publiques et droits de l'homme*, Armand Colin 2003, 6ème édition, p. 182.

406 Ancien article 5 du Décret n°2002-887 du 3 mai 2002 pris pour l'application de l'article 23-1 de la loi n°95-73 du 21 janvier 1995 et relatif à certains rassemblements festifs à caractère musical, modifiée par la loi n°2001-1062 du 15 novembre 2001, désormais codifié à l'article R. 211-6 du code de la sécurité intérieure.

407 Cons. d'Et., 30 avril 2004, *Association Technopol*, req. n°248460, *Rec.* p. 186 : « *Considérant que l'association requérante soutient que le pouvoir donné au préfet, par l'article 5 du décret attaqué, de surseoir à la délivrance du récépissé de déclaration méconnaît les dispositions précitées de l'article 23-1 de la loi du 21 janvier 1995 dans la mesure où celles-ci instaurent, selon elle, un régime de simple déclaration ; qu'il résulte toutefois des dispositions de cet article, éclairées au demeurant par les débats parlementaires, que le législateur n'a pas entendu créer un régime où le rassemblement pourrait se tenir légalement dès le dépôt de la déclaration ; qu'il a, au contraire, prévu que le préfet, saisi de la déclaration, doit vérifier le caractère suffisant des moyens qu'elle mentionne pour garantir le bon déroulement d'un rassemblement ; que, s'il estime que ces moyens sont insuffisants, le préfet doit organiser une "concertation" avec les organisateurs pour adapter les mesures envisagées et, le cas échéant, rechercher un terrain ou un local plus approprié ; qu'ainsi, pour la mise en œuvre de ces dispositions, le décret attaqué a pu légalement conférer au préfet, lorsqu'il estime que les mesures envisagées sont insuffisantes, le pouvoir de surseoir à la délivrance du récépissé de déclaration afin d'organiser la concertation prévue par la loi* ».

prévue par les articles L. 211-4 et L. 211-7 du code de la sécurité intérieure en ce qui concerne respectivement les « *manifestations sur la voie publique* » et les « *rassemblements festifs à caractère musical* ».

Mais le décret du 3 mai 2002 a crée une alternative permettant au préfet de surseoir à la délivrance du récépissé, et ce, dans un but précis : mettre en œuvre la procédure de concertation prévue par le législateur dès 2001[408] pour inviter l'organisateur « *à prendre toute mesure nécessaire au bon déroulement du rassemblement* »[409]. Cette procédure est donc particulièrement intéressante pour l'organisateur qui bénéficie d'une sorte de « seconde chance ».

En effet, à défaut d'une telle procédure, dans le cas où les mesures proposées par un organisateur seraient insuffisantes pour préserver l'ordre public, le préfet devrait alors être contraint de délivrer le récépissé avant d'interdire la manifestation, conformément à l'article L. 211-7 du code de la sécurité intérieure. Or, grâce à la procédure de concertation, l'interdiction ne peut avoir lieu que si les nouvelles mesures présentées par l'organisateur à l'issue de la négociation demeurent insuffisantes[410].

Le juge administratif est allé plus loin en mentionnant la protection de l'environnement parmi les exigences pouvant s'opposer à l'organisation d'un rassemblement festif.

Dans la célèbre ordonnance des référés du 29 avril 2005, le tribunal administratif de Châlons-en-Champagne a enjoint le préfet de la Marne de prendre toute mesure utile afin d'interdire la poursuite d'une rave-party qui devait avoir lieu sur un site « *d'une très haute valeur environnementale* » appartenant à une zone naturelle d'intérêt écologique, faunistique et floristique[411]. Selon le juge des référés, « *en ne s'opposant pas à l'organisation de cette manifestation, le préfet de la Marne a porté une atteinte grave et manifestement illégale à une*

---

408 Article L. 211-6 du code de la sécurité intérieure. Ancien article 23-1 de la loi n°95-73 du 21 janvier 1995 préc.

409 Article R. 211-6 du code de la sécurité intérieure.

410 Article L. 211-7 du code de la sécurité intérieure.

411 TA Châlons-en-Champagne, 29 avril 2005, *Conservatoire du patrimoine naturel et autres*, req. n°0500828. Par la suite, le tribunal administratif de Châlons-en-Champagne a annulé sur le fond la décision implicite d'acceptation du rassemblement festif à caractère musical prise par le préfet.

liberté fondamentale » prévue à l'article premier de la Charte de l'environnement, aux termes duquel « *chacun a le droit de vivre dans un environnement équilibré et respectueux de la santé* ».

Mais si le juge des référés ordonne explicitement au préfet d'interdire la manifestation sur le fondement du droit à l'environnement, désormais érigé en liberté fondamentale, en revanche, il ne précise pas si le préfet aurait dû, dès l'origine, refuser de délivrer le récépissé de déclaration pour mettre en œuvre la procédure de concertation. Une réponse affirmative apparaît bienvenue de manière à ce que la protection de l'environnement devienne un élément négociable dans le cadre de la procédure de concertation, et ce, d'autant plus que la loi prévoit la possibilité de mettre en œuvre cette procédure pour « *rechercher un terrain ou un local plus approprié* »[412]. En pratique, lorsque l'organisation d'une manifestation festive risquerait de porter atteinte à l'article 1er de la Charte de l'environnement en ce qu'elle devrait avoir lieu dans un milieu naturel d'une qualité particulière, le préfet pourrait alors décider de surseoir à la délivrance du récépissé afin de rechercher avec l'organisateur un site plus approprié.

Toujours est-il que le droit de vivre dans un environnement équilibré et respectueux de la santé constitue désormais un motif permettant au préfet d'interdire le rassemblement projeté même après avoir délivré un récépissé de déclaration, bien que les conditions prévues par l'article L. 211-7 du code de la sécurité intérieure pour justifier une interdiction ne soient pas réunies.

En dehors des déclarations préalables, des autorisations sont nécessaires pour organiser une fête ou pour la rendre plus « joviale »... Là encore, si la protection de l'ordre public constitue le principal motif susceptible de faire obstacle à la délivrance du titre requis, d'autres exigences peuvent être prises en considération, notamment en matière d'autorisations d'occupation domaniale (§ 2).

---

412 Article L. 211-6 du code de la sécurité intérieure.

§ 2. Les régimes d'autorisation applicables aux fêtes, illustration logique d'un arbitrage favorable à la sauvegarde de l'ordre public et à la meilleure utilisation du domaine public

Aux côtés des déclarations préalables, certaines autorisations ont été prévues par le législateur tandis que les autres se fondent sur droit de la propriété des personnes publiques (A). L'autorité de police peut alors se fonder sur plusieurs exigences pour délivrer ou refuser l'autorisation requise. Parmi ces exigences, celle liée au maintien de l'ordre public constitue le motif sinon exclusif, du moins décisif puisque la meilleure utilisation du domaine public peut être prise en compte (B).

A. Des fêtes (et moyens de faire la fête !) soumises à autorisations

Seules les « fêtes nouvelles »[413] ont été soumises à un régime d'autorisation par le législateur. En effet, l'article L. 3322-9 du code de la santé publique prévoit l'existence de fêtes « *nouvelles, autorisées par le représentant de l'Etat dans le département dans des conditions définies par décret en Conseil d'Etat* ».

En outre, les personnes qui souhaitent établir des cafés ou débits de boissons lors d'une foire, d'une vente ou d'une fête publique, doivent obtenir, non pas le récépissé de déclaration prévu à l'article L. 3332-3 du code de la santé publique[414], mais « *l'autorisation de l'autorité municipale* » [415]. Cette obligation vaut aussi pour les associations « *qui établissent des cafés ou débits de boissons pour la durée des manifestations publiques qu'elles organisent* »[416]. En revanche, seuls des boissons des deux premiers groupes définis à l'article L.

---

413 Selon l'article R. 3322-3 du code de la santé publique, « *sont considérées comme nouvelles, au sens de l'article L. 3322-9, les fêtes et foires qui ne répondent pas aux critères prévus à l'article* R. *3322-1* ».

414 « *Une personne qui veut ouvrir un café, un cabaret, un débit de boissons à consommer sur place et y vendre de l'alcool est tenue de faire, quinze jours au moins à l'avance et par écrit, une déclaration (…)* ».

415 Article L. 3334-2 du code de la santé publique.

416 *Ibid.*

3321-1 du même code peuvent en principe être vendus ou offerts dans ce cadre, ceci pour éviter tout risque d'abus susceptible de menacer l'ordre public[417]. En tout état de cause, ce n'est pas la fête qui est soumise à autorisation, mais seulement l'une de ses « composantes ». Autrement dit, l'éventuel refus d'autorisation ne fera pas obstacle à l'organisation de la fête.

Lorsqu'elle implique l'occupation privative du domaine public, l'organisation d'une fête suppose également l'obtention d'une autorisation. L'article L. 2122-1 du code général de la propriété des personnes publiques prévoit effectivement que « *Nul ne peut, sans disposer d'un titre l'y habilitant, occuper une dépendance du domaine public d'une personne publique mentionnée à l'article L. 1 ou l'utiliser dans des limites dépassant le droit d'usage qui appartient à tous* ». Une personne qui souhaite occuper privativement le domaine public afin d'organiser une fête doit donc obtenir une autorisation, délivrée par le maire, à titre temporaire, précaire et révocable. Ainsi, une autorisation d'occupation du domaine public doit être obtenue par les forains qui souhaitent installer des manèges ou des baraques foraines[418]. La délivrance de l'autorisation n'est pas sans retombée positive pour la personne publique qui perçoit en contrepartie une redevance[419].

Si les risques de menace à l'ordre public sont toujours susceptibles de justifier un refus d'autorisation, la meilleure utilisation du domaine public peut également être prise en compte pour fonder un tel refus (B).

---

417 Il s'agit des boissons sans alcool et des boissons fermentées non distillées.

418 Cette autorisation constitue un permis de stationnement dans la mesure où, le plus souvent, l'implantation de l'attraction foraine n'implique aucune emprise.

419 Article L. 2125-1 du code général de la propriété des personnes publiques.

B. La sauvegarde de l'ordre public et la meilleure utilisation du domaine public, des exigences susceptibles de s'opposer à la délivrance de l'autorisation

Conformément à l'article premier de la loi du 11 juillet 1979 relative à la motivation des actes administratifs[420], les décisions qui refusent une autorisation doivent être motivées. Doivent donc être justifiées la décision par laquelle l'autorité de police refuse d'autoriser l'ouverture d'un débit de boissons, l'organisation d'une fête nouvelle ou l'occupation privative du domaine public[421].

Ainsi, en matière de débits de boissons, l'autorité de police peut refuser d'autoriser l'ouverture d'un débit parce qu'il risquerait de porter atteinte à l'ordre public ou parce qu'il devrait être installé au sein d'une zone protégée. L'article L. 3335-1 du code de la santé publique permet effectivement au préfet d'instituer par arrêté un périmètre de protection au sein duquel l'installation du débit est impossible. Ce périmètre de protection peut être instauré autour d'édifices limitativement énumérés par le législateur et dont certains supposent obligatoirement l'intervention du préfet[422]. Or, si le législateur a souhaité interdire l'installation de débits de boissons à proximité de certains établissements tels que des maisons de retraite ou des hôpitaux, c'est notamment dans le but de prévenir tout risque d'atteinte à la sécurité et à la tranquillité des personnes âgées ou des malades.

De même, l'ordre public constitue le principal motif susceptible de s'opposer à l'organisation d'une fête nouvelle. En effet, l'autorité de police peut refuser de délivrer l'autorisation « *si les*

---

420 Loi n°79-587 du 11 juillet 1979 relative à la motivation des actes administratifs et à l'amélioration des relations entre l'administration et le public.

421 Cons. d'Et., 23 mai 2012, *RATP*, req. n°348909.

422 Il s'agit des établissements de santé, des maisons de retraite et de tous établissements publics ou privés de prévention, de cure et de soins comportant hospitalisation ainsi que des dispensaires départementaux, des stades, piscines, terrains de sport public ou privés. L'article L. 3335-8 du code de la santé publique prévoit également l'obligation pour le préfet de prendre un arrêté afin de déterminer des zones de protection pour « *les entreprises groupant habituellement plus de mille salariés* ».

conditions d'organisation de la manifestation ne garantissent pas le respect de l'ordre public, de la protection des mineurs et des dispositions du code de la santé publique relatives à la lutte contre l'alcoolisme »[423]. Or, la protection des mineurs est désormais considérée comme une composante de l'ordre public, le Conseil d'Etat ayant par exemple admis la possibilité pour le maire d'utiliser ses pouvoirs de police générale « *pour contribuer à la protection des mineurs* »[424]. Il en va de même pour la lutte contre l'alcoolisme qui est en réalité destinée à maintenir le bon ordre, la tranquillité et la sécurité publique d'une part et à éviter toute atteinte à la santé, à la salubrité et à l'hygiène publiques d'autre part.

En revanche, le juge administratif a admis la possibilité pour l'autorité de police chargée d'instruire une demande d'autorisation d'utilisation privative du domaine public de s'inspirer de considérations autres que les nécessités de l'ordre public. Ainsi, le Conseil d'Etat a affirmé que « *s'il appartient au maire de déterminer, par voie réglementaire, les conditions d'attribution des emplacements situés sur le domaine public communal qui peuvent être occupés par des marchands forains, les jours de foire, il ne peut se fonder pour définir ces règles, que sur des motifs tirés de l'ordre public, de l'hygiène et de la fidélité du débit des marchandises ainsi que de la meilleure utilisation du domaine* »[425].

Le juge administratif est même allé jusqu'à juger légale l'attribution d'emplacements forains selon le critère de « *l'ancienneté et la qualité nouvelle des attractions* », lui-même inspiré « *par le souci d'assurer la meilleure utilisation du domaine public* »[426], à savoir, « *l'utilisation du domaine qui procure aux populations en quête de réjouissances le plus de satisfactions, voire d'amusements* »[427].

Un maire pourrait donc refuser de délivrer un permis de stationnement en s'appuyant sur des motifs tirés, soit de la

---

423 Article R. 3322-4 du code de la santé publique.

424 Cons. d'Et., ordonnance du juge des référés, 9 juillet 2001, *Préfet du Loiret*, req. n°235638, *Rec.* p. 337.

425 Cons. d'Et., 18 novembre 1966, *Sieur Froment*, req. n°59809, *Rec.* p. 607.

426 Cons. d'Et., 18 novembre 1966, *Dame veuve Clément*, req. n°63503, *Rec.* p. 608

427 WALINE (M), *RDP* 1967, p. 543.

protection de l'ordre public, soit de « *la meilleure utilisation du domaine public* ».

Ce raisonnement peut néanmoins être nuancé par l'idée selon laquelle la meilleure utilisation du domaine public serait simplement un critère subsidiaire susceptible de fonder le refus d'autorisation au cas où l'activité en cause ne présenterait pas de risque pour l'ordre public mais pourrait aller à l'encontre de la « *meilleure utilisation du domaine* »[428].

Ainsi, il peut arriver que le nombre d'emplacements forains disponibles demeure inférieur au nombre de demandes, et ce, malgré des refus d'autorisations fondés sur la sauvegarde de l'ordre public. Dans ce cas, le maire pourrait alors refuser d'autoriser les emplacements qui certes, ne porteraient pas atteinte à l'ordre public, mais qui ne présenteraient pas d'intérêt pour le public.

Qu'elle soit tenue de délivrer le récépissé de déclaration ou qu'elle soit chargée d'instruire la demande d'autorisation, l'autorité administrative concilie toujours la liberté, représentée par la fête, avec d'autres exigences. Ces dernières sont principalement liées au maintien de l'ordre public même si d'autres éléments sont parfois pris en compte, à l'instar de la protection de l'environnement ou de la meilleure utilisation du domaine public. Il est alors légitime de se demander si ces autres considérations coexistent aux côtés de l'ordre public dit « classique » ou si elles comptent parmi les éléments qui composeraient un ordre public élargi. En distinguant l'ordre public des autres motifs pouvant s'opposer à la déclaration ou à la demande d'autorisation, la jurisprudence semble aller dans le premier sens. La notion d'ordre public renverrait donc exclusivement à l'ordre public classique, constitué de la trilogie « sécurité, tranquillité, salubrité publiques », étendu par la jurisprudence à la moralité publique[429] et au respect de la dignité humaine[430].

---

428 Voir en ce sens : BON (P), Encyclopédie des collectivités locales, Dalloz, folio n° 2222 : « *il semble que la protection de l'ordre public général au sens classique du terme demeure décisive en la matière, mais que, dans la mesure où elle ne peut suffire à elle seule à déterminer le sens des décisions à prendre, l'autorité de police puisse faire appel à d'autres considérations tirées, en l'espèce, de la meilleure utilisation du domaine* ».

429 Cons. d'Et., 7 novembre 1924, *Club sportif châlonnais*, *Rec.* p. 683 Cons. d'Et., 18 décembre 1959, *Société les films Lutetia*, req. n°36385, 36428, *Rec.* p. 693.

4ème PARTIE

Faire la fête

[430] Cons. d'Et., 27 octobre 1995, *Commune de Morsang sur Orge*, req. n°136727, *Rec.* p. 372.

Entre festivités et sécurité

Laure ROMAZZOTTI

Doctorante en droit public à l'UPPA

Membre de Pau Droit Public

Au fil des saisons, une tradition parcourt les générations : l'organisation et la présence dans de nombreux villages, communes, villes de ce que l'on appelle les « fêtes ». Moment de convivialité par excellence, ces évènements sont inscrits au sein des calendriers comme des instants incontournables. Que ces évènements s'appellent feria, fêtes locales, fêtes patronales ou tout simplement fête, l'idée est la même : un instant de festivité partagé entre amis, familles et festayres.

Le terme de « fête » peut se définir comme « *une réjouissance publique destinée à célébrer ou commémorer un évènement historique, un héros national, etc.* »[431]. La célébration peut être donnée en l'honneur d'une personne, d'une divinité pour « *commémorer périodiquement un évènement* »[432]. Elle peut également être l'occasion de célébrer un saint patron protecteur lors de fête patronale ou tout simplement des réjouissances au cœur de la ville. Sont inclus dans la définition de la fête, les raves parties[433], les fêtes foraines[434] ou encore les

---

[431] G. CORNU, « fête », in Dictionnaire juridique, PUF, 2001, p. 452

[432] Définition de « fête » issue du site internet du Centre National de Ressources Textuelles et Lexicales : http://www.cnrtl.fr/definition/fête

[433] La rave party se définit comme un « *rassemblement festif dansant et plus ou moins secret des amateurs de house ou de techno, généralement dans un bâtiment désaffecté ou en plein air.* ». Définition issue du site internet du Larousse, http://www.larousse.fr/dictionnaires/francais.

carnavals[435]. Qu'elle soit organisée en fonction du calendrier pour les uns, au rythme des saisons pour les autres, la fête est l'occasion de partage et de convivialité.

Dans un aspect plus pratique, ces évènements sont préparés dans la majorité des cas par des comités d'organisation des fêtes en collaboration avec les municipalités. Ces acteurs se doivent d'être vigilants quant aux détails d'organisation pour sécuriser au maximum la fête et qu'elle se déroule en toute tranquillité. En outre, la notion de sécurité suppose tout à la fois « *une situation de celui ou de ce qui est à l'abri des risques* », « *un état qui peut concerner une personne, un groupe, un bien* » et la « *prévention de tels risques, mesures et moyens de protection tendant à prévenir la réalisation de ces risques* » et, par conséquent, un « *ensemble de précautions incombant à certaines personnes envers d'autres* »[436]. En outre, cette notion est plus particulièrement utilisée en référence à la sécurité des personnes et des biens comme par exemple le professeur Delvolvé définissant la sécurité comme étant« *la situation dans laquelle les personnes et les biens sont à l'abri des menaces de toute nature qui pourraient peser sur eux* »[437].

Par ailleurs, la sécurité s'utilise en tant que « sécurité publique » c'est-à-dire comme l'« *élément de l'ordre public caractérisé par l'absence de périls pour la vie, la liberté ou le droit de propriété des individus* »[438]. La sécurité publique est, tout à la fois, un droit

---

434 La fête foraine se définit comme une « *fête organisée par des forains et comportant de nombreuses attractions* ». Définition issue du site internet Larousse, http://www.larousse.fr/dictionnaires/francais

435 Le carnaval se définit comme une « *Période qui précède le Carême (de l'Épiphanie au mercredi des cendres) notamment jours gras (dimanche, lundi et Mardi gras) durant lesquels se déroulent des réjouissances publiques (mascarades, défilés de chars, batailles de confetti, etc.) ou semi-publiques (bals, etc.); p. méton., ensemble de ces réjouissances* ».Définition de « carnaval » issue du site internet Centre Nationale de Ressources Textuelles et Lexicales, http://www.cnrtl.fr/definition/carnaval

436 CORNU (G), « sécurité », in Dictionnaire juridique, PUF, 2011, p.942

437 Citation issue de l'article du Professeur Pierre Delvolvé : DELVOLVE (P) « Sécurité et sûreté, Rapports présentés le 17 octobre 2011 aux Entretiens de l'Académie des sciences morales et politique », *RFD adm*, 2011 p. 1085.

438 CORNU (G), « sécurité publique », in Dictionnaire juridique, PUF, 2011, p.943

fondamental[439]et une composante de l'ordre public aux côtés de la salubrité et la tranquillité publiques[440]. Ces notions sont reprises au sein de l'article L. 2212-2 du Code général des collectivités territoriales (CGCT) aux termes duquel « *La police municipale a pour objet d'assurer le bon ordre, la sûreté, la sécurité et la salubrité publiques.* [...] ». Une précision doit alors être faite. En effet, le terme de police fait ici référence non pas à l'activité mais « *aux règles imposées par l'autorité publique aux citoyens en vue de faire régner l'ordre, la tranquillité, la sécurité dans l'Etat* »[441]. Ainsi, pour définir cette notion de police municipale, il faut, au préalable, faire une distinction « classique » entre la police administrative et la police judiciaire. Ces deux polices, administratives et judiciaires, se différencient l'une de l'autre par le moment où elles prennent effet de telle sorte que « *la première est préventive, la seconde répressive* »[442]. Quant aux autorités

---

439 Conformément à l'article L. 111-1 du Code de sécurité intérieure, « *La sécurité est un droit fondamental et l'une des conditions de l'exercice des libertés individuelles et collectives. L'Etat a le devoir d'assurer la sécurité en veillant, sur l'ensemble du territoire de la République, à la défense des institutions et des intérêts nationaux, au respect des lois, au maintien de la paix et de l'ordre publics, à la protection des personnes et des biens.* ». Cet article est issu de l'article 1er de la loi n° 95-73 du 21 janvier 1995 d'orientation et de programmation relative à la sécurité publiée au Journal Officiel de la République Française (JORF) n°0020 du 24 janvier 1995 page 1249. Cet article a été ensuite modifié par la Loi n°2003-239 du 18 mars 2003 pour la sécurité intérieure (1) publiée au JORF n°66 du 19 mars 2003 page 4761 texte n°1.

440 En effet, l'ordre public se définit classiquement en référence à ses trois composantes : « *le maire est en effet chargé, en tant qu'autorité de police, de veiller à la préservation de la sécurité publique, de la tranquillité publique et de la salubrité publique.* » (in MINET (Ch-E), Droit de la police administrative, Collection Public Droit, Vuibert, 2007). Qu'elle soit appelée « trilogie municipale » (même référence) ou « trilogie traditionnelle » (in CHAPUS (R), Droit administratif général, Tome 1, Montchrestien, 15e édition, 2001), elle est aujourd'hui reprise par le CGCT en son article L. 2212-2 auparavant consacrée par les lois 22 décembre 1789, 8 janvier 1790 et la loi municipale du 5 avril 1884.

441 CORNU (G), « police », in Dictionnaire juridique, PUF, 2011, p. 765

442 GAUDEMET (Y), Droit administratif, LGDJ, 20ème édition, 2012.

Une précision peut être apportée quant à la distinction entre les deux polices au niveau de la juridiction dont elle relève mais aussi en raison de leur rôle respectif. La police administrative est considérée comme préventive dans la mesure où l'autorité de police intervient pour prévenir une atteinte. De plus, elle a pour but de prévenir un trouble à l'ordre public. La police judiciaire, quant à elle, est considérée comme répressive puisqu'elle intervient une fois l'atteinte réalisée, l'infraction constatée de telle sorte que l'auteur de l'infraction sera par la suite jugé pour les infractions commises.

chargées de ces polices, il est possible d'en identifier plusieurs et il est même des cas où elles sont confiées à la même autorité. Le maire, par exemple, est à la fois officier de police judiciaire et autorité de police administrative. Et c'est en cette qualité que nous allons l'étudier. Nous ne mettrons pas totalement de côté le cas du Préfet et du Président du conseil général comme autorités de police mais uniquement dans le cas où ils collaborent avec le maire.

Ces quelques généralités sur la notion de sécurité sont intéressantes dans la mesure où la lecture de cette définition nous permet de mieux en comprendre l'enjeu c'est à dire prévenir les usagers contre une potentielle atteinte qu'ils sont susceptibles de courir. Des autorités, précisément définies, sont chargées de la préserver et se doivent de prendre en compte la sécurité de leurs citoyens lors de l'organisation et du déroulement de festivités. A ce titre, la sécurité tient une place importante lorsque l'on évoque la fête. En effet, le maire doit sécuriser les lieux dans lesquels s'organisent les festivités mais aussi veiller à la sécurité de ses participants. Plus l'évènement est important, plus les mesures se devront d'être efficaces et proportionnelles à l'instant. Il est intéressant de voir l'évolution de la sécurité autour de ces évènements à la fois parce que beaucoup de monde participe à ces festivités en particulier en période estivale et que les modalités d'encadrement de ces instants sont souvent étudiées pour être les plus efficientes.

Toute la question est alors de savoir comment le maire, autorité de police dans la commune, garantit la sécurité lors de fêtes organisées sur son domaine public et quelles sont les mesures qu'il prend à cette occasion. En outre, une autre question se pose : celle de savoir s'il est le seul à pouvoir organiser la sécurité de telle sorte qu'il conviendra d'étudier les autorités collaborant aux côtés du maire en matière de sécurité.

Tels seront donc les deux axes de notre étude à savoir d'une part, le rôle du maire en tant qu'autorité chargée de préserver la sécurité dans sa commune (§ 1) ; et, d'autre part, la nécessaire collaboration d'autres autorités pour permettre de rendre et de perpétuer ces instants de convivialité (§ 2).

§ 1. Le maire, autorité chargée de préserver la sécurité dans sa commune

Le maire est l'autorité chargée de préserver la sécurité au sein de sa commune. Il exerce ce pouvoir conformément à la loi et au code général des collectivités territoriales. Dans la mesure où le but est de sécuriser la fête, il exerce plus précisément des pouvoirs de police (A) et, à cette occasion, prend des mesures particulières (B).

A. L'exercice des pouvoirs de police du maire dans le but de sécuriser la fête

Comme nous l'avons expliqué précédemment, la sécurité publique est une composante de l'ordre public. Pour préserver cet ordre public et particulièrement la sécurité publique, des autorités se voient confier l'exercice de cette mission. Au sein de la commune, ce pouvoir est attribué au maire comme le définit l'article L. 2122-24 du CGCT en précisant que « *Le maire est chargé, sous le contrôle administratif du représentant de l'Etat dans le département, de l'exercice des pouvoirs de police, dans les conditions prévues aux articles L. 2212-1 et suivants.* ». Cet article prévoit à la fois l'exercice du pouvoir de police et ses conditions. En ce sens, et conformément à l'article L. 2212-1 du CGCT[443], le maire est l'autorité chargée de la police municipale au sein de la commune. L'article L. 2212-2 du dit code précise l'objet de la police municipale de telle sorte que « *La police municipale a pour objet d'assurer le bon ordre, la sûreté, la sécurité et la salubrité publique.* ». Se cache derrière ces termes les caractéristiques même de l'ordre public : la tranquillité, la salubrité et la sécurité publique. Ainsi, au sein de sa commune, le maire se devra de préserver cet ordre public c'est à dire de prévenir les potentielles atteintes, de le maintenir voire de le rétablir si nécessaire.

En pratique, à l'occasion des fêtes et de leurs organisations, l'exercice de ces missions prend tout son sens. En effet, la police, l'ordre public et particulièrement la sécurité publique intéressent à plusieurs titres. Le maire dispose d'un ensemble de compétences

443 « *Le maire est chargé, sous le contrôle administratif du représentant de l'Etat dans le département, de la police municipale, de la police rurale et de l'exécution des actes de l'Etat qui y sont relatifs.* »

et de moyens d'actions pour permettre de préserver ces exigences. La lecture de l'article L. 2212-2 du CGCT permet de mieux comprendre le rôle du maire, « *3° Le maintien du bon ordre dans les endroits où il se fait de grands rassemblements d'hommes, tels que les foires, marchés, réjouissances et cérémonies publiques, spectacles, jeux, cafés, églises et autres lieux publics ;* ». A cette occasion, le maire devra prendre les mesures nécessaires pour préserver le bon ordre et assurer la sécurité des citoyens. Aussi, ces pouvoirs de police s'exercent dans divers domaines liés entre eux pour garantir la plus grande sécurité.

D'une part, et en vertu de l'article L. 2213-1 du CGCT[444], le maire va exercer la police de la circulation sur l'ensemble des voies de l'agglomération. Le code vient, là encore, préciser les modalités d'action du maire lorsque ce dernier exerce ces pouvoirs. Le maire va pouvoir venir règlementer la circulation au sein de sa commune. En effet, lorsqu'une manifestation se déroule sur la voie publique, le maire doit prendre des mesures pour qu'elle se déroule le mieux possible.

D'autre part, et en lien avec la police de la circulation, le maire pourra aussi prendre des mesures en matière de stationnement. L'idée est la même, règlementer l'accès de la commune et son stationnement dans le seul but de prévenir l'atteinte à la sécurité. En ce sens, l'article L. 2213-2 du CGCT explique que le maire peut « *2° Réglementer l'arrêt et le stationnement des véhicules ou de certaines catégories d'entre eux, ainsi que la desserte des immeubles riverains ;* ».

En conséquence, l'on remarque que le maire détient des pouvoirs de diverses natures ou en tout cas qui intéressent différents points dans le but de prévenir les atteintes. Il se doit de préserver la sécurité publique lors de l'organisation des fêtes par l'utilisation

---

444 « *Le maire exerce la police de la circulation sur les routes nationales, les routes départementales et les voies de communication à l'intérieur des agglomérations, sous réserve des pouvoirs dévolus au représentant de l'Etat dans le département sur les routes à grande circulation. A l'extérieur des agglomérations, le maire exerce également la police de la circulation sur les voies du domaine public routier communal et du domaine public routier intercommunal, sous réserve des pouvoirs dévolus au représentant de l'Etat dans le département sur les routes à grande circulation. Les conditions dans lesquelles le maire exerce la police de la circulation sur les routes à grande circulation sont fixées par décret en Conseil d'Etat. Par dérogation aux dispositions des deux alinéas précédents et à celles des articles L. 2213-2 et L. 2213-3, des décrets peuvent transférer, dans les attributions du représentant de l'Etat dans le département, la police de la circulation sur certaines sections des routes à grande circulation.* »

de la police de la circulation, du stationnement et plus généralement de la police municipale.

Il nous faut faire, à ce stade, deux précisions. La première est liée à l'exercice des pouvoirs de police du maire. En effet, il existe aux côtés des pouvoirs de police généraux du maire, des polices plus spécifiques. D'une part, et sans être exhaustive, il faut tenir compte de la police des spectacles. Elle concerne un domaine particulier régis par l'ordonnance du 13 octobre 1945[445]. D'autre part, il faut mentionner la police des réunions et manifestations. Là, sont concernés les rassemblements festifs à caractère musical mentionnés au sein du Code de la sécurité intérieure[446]. Dans ces deux cas, le maire dispose d'un pouvoir pour autoriser ou non leur déroulement dans le seul but d'assurer la sécurité publique[447].

La deuxième précision que nous devons apporter est liée à la collaboration du maire avec d'autres autorités de police. En effet, en cas de carence du maire, le préfet pourra venir se substituer à ce dernier. L'article L. 2215-1 du CGCT explique précisément les conditions dans lesquelles cette substitution est possible : « *La police municipale est assurée par le maire, toutefois : 1° Le représentant de l'Etat dans le département peut prendre, pour toutes les communes du département ou plusieurs d'entre elles, et dans tous les cas où il n'y aurait pas été pourvu par les autorités municipales, toutes mesures relatives au maintien de la salubrité, de la sûreté et de la tranquillité publiques. Ce droit ne peut être exercé par le représentant de l'Etat dans le département à l'égard d'une seule*

---

445 Ordonnance n°45-2339 du 13 octobre 1945 relative aux spectacles publiée au JORF du 14 octobre 1945 page 6505

446 Mention faite à l'article L. 211-5 du Code de sécurité intérieure : « *Les rassemblements exclusivement festifs à caractère musical, organisés par des personnes privées, dans des lieux qui ne sont pas au préalable aménagés à cette fin et répondant à certaines caractéristiques fixées par décret en Conseil d'Etat tenant à leur importance, à leur mode d'organisation ainsi qu'aux risques susceptibles d'être encourus par les participants, font l'objet d'une déclaration des organisateurs auprès du représentant de l'Etat dans le département dans lequel le rassemblement doit se tenir, ou, à Paris, du préfet de police. Sont toutefois exemptées les manifestations soumises, en vertu des lois ou règlements qui leur sont applicables, à une obligation de déclaration ou d'autorisation instituée dans un souci de protection de la tranquillité et de la santé publiques. La déclaration mentionne les mesures envisagées pour garantir la sécurité, la salubrité, l'hygiène et la tranquillité publiques. L'autorisation d'occuper le terrain ou le local où est prévu le rassemblement, donnée par le propriétaire ou le titulaire d'un droit réel d'usage, est jointe à la déclaration.* »

447 Voir sur ce point la contribution sur les autorisations et déclarations.

commune qu'après une mise en demeure au maire restée sans résultat ; 2° Si le maintien de l'ordre est menacé dans deux ou plusieurs communes limitrophes, le représentant de l'Etat dans le département peut se substituer, par arrêté motivé, aux maires de ces communes pour l'exercice des pouvoirs mentionnés aux 2° et 3° de l'article L. 2212-2 et à l'article L. 2213-23 ; 3° Le représentant de l'Etat dans le département est seul compétent pour prendre les mesures relatives à l'ordre, à la sûreté, à la sécurité et à la salubrité publiques, dont le champ d'application excède le territoire d'une commune ; [...] ». Le préfet est donc compétent, dans des cas particuliers, pour se substituer au maire et donc prendre des mesures pour venir prévenir les atteintes à la sécurité si le maire ne le fait pas.

Par conséquent, l'organisation de festivités au sein de la commune est l'occasion pour le maire de jouer un rôle important. A ce titre, il doit prévenir les potentielles atteintes contre la sécurité et doit prendre les mesures nécessaires en la matière.

B. Quelques mesures prises par le maire pour garantir la sécurité

En application des pouvoirs qui lui sont conférés, le maire peut prendre une série de mesures dans le but de préserver la sécurité publique. L'idée ici n'est pas d'être exhaustif mais de dresser un panel de mesures que le maire peut prendre dans le cadre de ses pouvoirs.

Tout d'abord, le maire va exercer sa compétence en matière de police de la circulation. Le maire détient ses pouvoirs de l'article L. 2213-1 du CGCT en vertu duquel « *Le maire exerce la police de la circulation sur les routes nationales, les routes départementales et les voies de communication à l'intérieur des agglomérations, sous réserve des pouvoirs dévolus au représentant de l'Etat dans le département sur les routes à grande circulation.* [...] ». A ce titre, le maire peut prendre toute une série de mesures dans le seul but d'assurer la sécurité des personnes présentes à la fête. L'article L. 2213-2 du CGCT prévoit ces cas de telle sorte que « *Le maire peut, par arrêté motivé, eu égard aux nécessités de la circulation et de la protection de l'environnement : 1° Interdire à certaines heures l'accès de certaines voies de l'agglomération ou de certaines portions de voie ou réserver cet accès, à certaines heures, à diverses catégories d'usagers ou de véhicules ;* [...] ».

En pratique, le maire pourra règlementer voire interdire l'accès d'une partie du centre-ville à la circulation pour certains véhicules. Pour cela, des déviations seront mises en places pour permettre l'accès à la ville tout en permettant le déroulement des festivités. Ces périmètres permettent à toutes les personnes voulant participer à la fête de s'y rendre et de rester dans ce périmètre afin d'être en sécurité. Bien entendu, toutes ces modalités sont connues de tous les administrés et des personnes participants à la fête. Les plans de circulation et de stationnement sont communiqués et adaptés à tous et plus encore lorsque la fête est importante et possède un rayonnement important. En effet, le nombre de personnes présentes dans les communes peut doubler voire plus en fonction de l'ampleur de la fête. Aussi, le maire et les comités d'organisation des fêtes doivent prendre les mesures nécessaires pour assurer la sécurité de tous.

Ensuite, s'agissant des restrictions de circulation, le maire va pouvoir prendre des mesures au titre de la police du stationnement. Aux termes de l'article L. 2213-2 du CGCT, le maire pourra « *2° Réglementer l'arrêt et le stationnement des véhicules ou de certaines catégories d'entre eux, ainsi que la desserte des immeubles riverains ; 3° Réserver sur la voie publique ou dans tout autre lieu de stationnement ouvert au public des emplacements de stationnement aménagés aux véhicules utilisés par les personnes titulaires de la carte de stationnement prévue à l'article L. 241-3-2 du code de l'action sociale et des familles et aux véhicules bénéficiant du label " autopartage "* ». Le maire va pouvoir règlementer le stationnement au sein de sa commune puisqu'il se doit de prendre toutes les mesures nécessaires au bon déroulement de la fête.

A côté de la circulation et du stationnement, le maire aura la possibilité d'aménager les horaires de la fête. Aux termes de l'article L. 2213-4 du CGCT, « *Le maire peut, par arrêté motivé, interdire l'accès de certaines voies ou de certaines portions de voies ou de certains secteurs de la commune aux véhicules dont la circulation sur ces voies ou dans ces secteurs est de nature à compromettre soit la tranquillité publique,* [...]. *Dans ces secteurs, le maire peut, en outre, par arrêté motivé, soumettre à des prescriptions particulières relatives aux conditions d'horaires et d'accès à certains lieux et aux niveaux sonores admissibles les activités s'exerçant sur la voie publique, à l'exception de celles qui relèvent d'une mission de service public. Ces dispositions ne s'appliquent pas aux véhicules utilisés pour assurer une mission de service public et ne peuvent s'appliquer d'une façon permanente aux véhicules utilisés à des fins professionnelles de recherche, d'exploitation ou d'entretien des espaces naturels.* ». De cette façon, et au titre de la tranquillité publique, liée avec la sécurité publique, le maire va prendre un arrêté et définir les heures de début et de fin de manifestation au delà desquelles le bruit ne sera plus « autorisé ». Par exemple, l'arrêt des festivités pourra être à deux heures ou quatre heures du matin.

De plus, en fonction de la manifestation, le maire se devra de prendre des mesures particulières. Par exemple, il organisera, en collaboration avec ses services, la mise en place de barrières lorsque, par exemple, la manifestation fait intervenir des animaux[448]. Par arrêté motivé, l'installation de ces dispositifs apparaît nécessaire pour assurer la sécurité des participants dans le périmètre de la fête.

Par conséquent, quelque soit le type de manifestation, ces séries de mesures prises par le maire permettent de prévenir les participants de la fête de potentielles atteintes à leur sécurité. L'idée est d'être le plus efficace et les mesures se doivent être adoptées et proportionnées. De plus, elles sont ponctuelles et n'ont de sens uniquement le temps de la fête. Le maire se devra de le préciser dans les différents arrêtés ou autres textes qu'il va prendre dans l'exercice de ses pouvoirs pour prévoir la fête. Ainsi, le maire est réellement là pour délimiter et encadrer la fête. Néanmoins, à ses côtés peuvent être présents d'autres autorités qui viennent collaborer avec lui dans le but de sécuriser la fête.

---

448 En matière de manifestation avec présence d'animaux, il est fait référence notamment à celles avec courses de taureaux. Il existe en la matière un certain nombre de décisions qui traitent à la fois des régimes d'autorisations ou d'interdictions de ces manifestations mais surtout des cas de responsabilité à l'occasion de leur organisation. Par exemple, l'arrêt de la Cour administrative d'appel de Marseille traite d'un cas de mise en jeu de la responsabilité pour défaut dans la « mise en œuvre de la mise en œuvre des moyens de police prévus pour assurer la sécurité des spectateurs de la manifestation taurine » (CAA Marseille, req. n°06MA01446 en date du 5 mai 2008).

§ 2. La participation d'autres autorités à la sécurité de la fête

Aux côtés du maire, autorité chargée de préserver la sécurité publique, diverses autorités sont présentent pour sécuriser la fête. Ces acteurs participent à la prévention voire aux secours des participants (A). De plus, l'on remarque depuis plusieurs années, parmi ces acteurs, la présence de personnes privées pour venir sécuriser la fête (B).

A. La nécessaire mise en place de dispositif de prévention et secours

Lors de l'organisation de manifestations comme les fêtes, il est fréquent de voir la présence de différents dispositifs de prévention en plus des mesures préalablement prises. L'idée n'est pas d'être exhaustive mais bien de présenter quelques cas pratiques.

D'une part, les postes de secours sont présents au sein de la commune et surtout au cœur de la fête. En fonction de l'ampleur de l'événement, leur nombre et leur emplacement varient. Ils sont « positionnés » de manière précise au sein du périmètre de la fête, le but étant qu'ils soient accessibles à tous ou en tout cas à tous ceux qui en auraient besoin. En effet, la prévention des risques est évidemment au cœur de la sécurité.

De manière très concrète, différents types d'acteurs peuvent participer à ces missions de prévention comme ceux mentionnés à l'article L. 721-2 du Code de sécurité intérieure[449]. Ces missions correspondent à celle de la sécurité civile ayant pour objet « [...] *la prévention des risques de toute nature, l'information et l'alerte des populations ainsi que la protection des personnes, des biens et de l'environnement contre les accidents, les sinistres et les catastrophes par la préparation et la mise en œuvre*

---

[449] « *Les missions de sécurité civile sont assurées principalement par les sapeurs-pompiers professionnels et volontaires des services d'incendie et de secours ainsi que par les personnels des services de l'Etat et les militaires des unités qui en sont investis à titre permanent. Concourent également à l'accomplissement des missions de la sécurité civile les militaires des armées et de la gendarmerie nationale, les personnels de la police nationale et les agents de l'Etat, des collectivités territoriales et des établissements et organismes publics ou privés appelés à exercer des missions se rapportant à la protection des populations ou au maintien de la continuité de la vie nationale, les membres des associations ayant la sécurité civile dans leur objet social, ainsi que les réservistes de la sécurité civile.* »

de mesures et de moyens appropriés relevant de l'Etat, des collectivités territoriales et des autres personnes publiques ou privées. »[450]. Par exemple, des associations agréées vont « [...] *contribuer à la mise en place des dispositifs de sécurité civile dans le cadre de rassemblements de personnes* »[451]. Ces dernières peuvent donc être présentes sur les lieux de la fête à travers des dispositifs prévisionnels de secours[452]. Ces dispositifs permettent à ces associations d'intervenir lors de diverses manifestations pour prévenir les atteintes ou en tout cas apporter les premiers secours. Ces exemples illustrent les moyens à la dispositif des participants et permettant de sécuriser la fête.

D'autre part, toujours dans le cadre d'assurer la sécurité des participants à la fête, la mobilisation des forces de l'ordre va pouvoir être un moyen de compléter les dispositifs déjà présents. Les agents de police municipale sont chargés conformément à l'article L. 511-1 du Code de sécurité intérieure « *de la prévention et de surveillance du bon ordre, de la tranquillité, de la sécurité et de la salubrité publiques* ». Lorsqu'une manifestation possède une ampleur beaucoup plus importante, il est possible pour les maires des communes voisines d'apporter leur soutien notamment en autorisant leurs agents de police municipale à « prêter main forte ». L'article L. 512-3 du Code de sécurité intérieure explique cette

---

[450] Article L. 112-1 du Code de sécurité intérieure, codifié par l'ordonnance n°2012-351 du 12 mars 2012 relative à la partie législative du code de la sécurité intérieure. Cette ordonnance est venue abroger l'article 1 de la Loi n°2004-811 du 13 août 2004 de modernisation de la sécurité civile publiée au JORF n°190 du 17 août 2004 page 14626 texte n°3.

[451] Article 36 de la loi n°2004-811 du 13 août 2004 de modernisation de la sécurité civile, publiée au JORF n°190 du 17 août 2004 page 14626 texte n°3 : « *Seules les associations agréées sont engagées, à la demande de l'autorité de police compétente ou lors du déclenchement du plan Orsec, pour participer aux opérations de secours et à l'encadrement des bénévoles dans le cadre des actions de soutien aux populations. Elles seules peuvent contribuer à la mise en place des dispositifs de sécurité civile dans le cadre de rassemblements de personnes.* »

[452] Arrêté du Ministère de l'Intérieur et de l'aménagement du territoire en date du 7 novembre 2006 fixant le référentiel national relatif aux dispositifs prévisionnels de secours, NOR : INTE0600910A.

faculté[453]. Autre forme de collaboration, le Code de sécurité intérieure prévoit la possibilité pour les forces de polices de collaborer ensemble. Cette dernière ne peut se faire que par la conclusion d'une convention qui en définit les modalités[454].

L'idée de ces deux exemples est de mettre en avant la coordination des autorités lorsqu'il s'agit de préserver la sécurité. Aussi, lors de l'organisation de manifestations d'une quelconque ampleur, différents acteurs sont présents pour sécuriser au maximum la fête c'est à dire prévenir les atteintes et dans le même temps la rétablir si nécessaire comme par exemple la personne privée.

B. Le cas particulier de la participation de personnes privées en matière de sécurité

Lors de manifestation d'une ampleur importante, il n'est pas rare de voir des personnes privées assurer la sécurité des participants. Cette faculté est très nettement encadrée à la fois par le législateur mais aussi par la jurisprudence.

A titre d'exemple, trois arrêts du Conseil d'Etat sont intéressants dans la mesure où le juge administratif vient règlementer depuis longtemps la participation de la personne privée aux missions de sécurité. Tout d'abord, il n'est pas possible pour la personne publique de confier, en totalité, l'exercice de la police à une personne privée. Conformément à la jurisprudence Ville de Castelnaudary, le maire ne peut confier cet exercice qu'à « *des agents*

---

453 « *Lors d'une manifestation exceptionnelle, notamment à caractère culturel, récréatif ou sportif, à l'occasion d'un afflux important de population ou en cas de catastrophe naturelle, les maires de communes limitrophes ou appartenant à une même agglomération peuvent être autorisés à utiliser en commun, sur le territoire d'une ou plusieurs communes, pour un délai déterminé, tout ou partie des moyens et des effectifs de leurs services de police municipale. Cette faculté s'exerce exclusivement en matière de police administrative. Cette utilisation en commun des moyens et effectifs est autorisée par arrêté du représentant de l'Etat dans le département qui en fixe les conditions et les modalités au vu des propositions des maires des communes concernées.* »

454 En matière de convention de coordination des interventions de la police municipale et des forces de sécurité de l'Etat, voir sur ce point les articles L. 512-4 et suivants du Code de sécurité intérieure.

placés sous son autorité »[455]. Aussi, la personne privée pourra apporter son concours mais ne peut pas se voir confier l'entier exercice de police. Au surplus, le maire ne pourra pas déléguer des missions qui lui sont confiées par la loi. En l'espèce, le Conseil d'Etat a jugé que le maire ne pouvait pas déléguer par convention ses pouvoirs de police, précisément la police du stationnement, à une personne privée. Ces prérogatives sont en effet confiées par la loi au maire et ne peuvent pas faire l'objet d'une quelconque délégation[456]. Enfin, quand bien même le maire décide de confier son pouvoir de police à une entreprise de gardiennage, il ne peut le faire que selon certaines conditions et non sur l'ensemble de la commune[457]. C'est donc à la personne publique d'exercer ses pouvoirs de police au sein de la commune dans la mesure où la loi lui confie ce pouvoir.

---

[455] Cons. d'Et., Ass., req. n°12045, 17 juin 1932, *Ville de Castelnaudary*, *Rec.* p. 595 : « […] *que le service de la police rurale, par sa nature, ne saurait être confié qu'à des agents placés sous l'autorité directe de l'administration ; qu'en confiant la charge de ce service à une fédération de propriétaires privées, le conseil municipal de Castelnaudary a excédé ses pouvoirs ;* […] »

[456] Cons. d'Et., 7ème et 10ème sous-section, 1er avril 1994, *Commune de Menton*, req. n°144152-144241, *Rec.* p. 176 : « *Considérant que si les conventions susmentionnées ne stipulent pas, à la différence des précédentes, que la société chargée de la gestion du stationnement payant de la commune de Menton assurera l'encadrement et l'organisation du travail des agents municipaux assermentés chargés de la constatation des infractions au stationnement payant, elles continuent de prévoir que ces agents sont mis à disposition de la société ; qu'elles reprennent également les stipulations des conventions du 15 octobre 1991 relatives à la durée des conventions et aux conditions dans lesquelles la commune est autorisée à modifier le nombre des emplacements de stationnement payant ; que ces conventions et la délibération du conseil municipal de Menton en date du 2 avril 1992 qui a autorisé leur signature, ont ainsi pour effet de déléguer illégalement à la société Scetauparc Exploitation des prérogatives de police du stationnement sur la voie publique confiées par la loi au maire de la commune ;* »

[457] Cons. d'Et., 5ème et 3ème sous-sections réunies, 29 décembre 1997, *Commune d'Ostricourt*, req. n°170606, *Rec.* T. p. 706 : « *qu'il résulte de ces dispositions de la loi du 12 juillet 1983 éclairées par les travaux préparatoires que les sociétés régies par ces dispositions ne peuvent se voir confier des tâches de surveillance de la voie publique, lesquelles, conformément aux dispositions précitées du code des communes, relèvent, dans les communes, de la police municipale* ».

Toutefois, il n'est pas rare, depuis quelques années, de voir participer à la sécurité des personnes privées[458]. Cette faculté est devenue possible par l'action du législateur qui encadre cette participation. Avec la loi du 12 juillet 1983, règlementant les activités privées de surveillance, de gardiennage et de transport de fonds[459], il définit ces activités mais aussi les conditions dans lesquelles elles peuvent être effectuées. En ce sens, des autorisations sont nécessaires pour pouvoir exercer ces activités. Le Code de sécurité intérieure participe à l'encadrement des activités privées en matière de sécurité[460].

En pratique, les personnes privées participent par l'intermédiaire des agents de sécurité lors des manifestations d'une certaine ampleur. Cette faculté est comme nous l'avons vu soumise à conditions. Ainsi, le maire mais aussi le préfet, selon les cas, se doivent de prendre les mesures nécessaires pour permettre leur participation.

En conclusion, sécurité et fête sont deux termes « interdépendants ». En effet, il faut que la fête soit organisée au préalable pour qu'elle se déroule de manière la plus sûre possible. A ce titre, diverses autorités sont chargées de prévenir et prévoir les potentielles atteintes et donc assurer la sécurité des participants à la fête. Ces idées de tranquillité, calme et sécurité planent au dessus de ces instants de fêtes et de festivités par l'action préalable et immédiate de diverses autorités. Cela passe par une information importante à la fois pour ces personnes qui vont organiser la fête mais aussi être sur les lieux pour prévenir les atteintes mais aussi pour les participants de la fête. Le but n'est autre que tout le

---

458 Dans son article, Florence Nicoud explique que ce mouvement est « *apparu au cours des années 1970 et [consiste] à faire assurer la sécurité par des entités privées telles que entreprises de gardiennage, surveillance, convoyage de fonds ou chargées de vidéosurveillance* ». in NICOUD (F), « *La participation des personnes privées à la sécurité publique : actualité et perspectives* », *Revue du droit public* n°5-2006 p. 1247

459 Loi n°83-629 du 12 juillet 1983 règlementant les activités privées de surveillance, de gardiennage et de transport de fonds, publiée au JORF du 13 juillet 1983 page 2155. Cette loi est aujourd'hui toujours en vigueur mais avec une modification au niveau du titre, « Loi n°83-629 du 12 juillet 1983 réglementant les activités privées de sécurité (1) ».

460 Voir en ce sens l'article L. 611-1 et suivants du Code de sécurité intérieure

monde partage de réels moments de convivialités et puissent faire la fête en toute sécurité.

La responsabilité de la fête

Adrien AZARETE

Doctorant en droit public à l'UPPA

Membre de l'IE2IA

Je vais à présent aborder une question délicate qui est celle de la responsabilité des personnes publiques qui organisent ou qui sont liées plus ou moins directement aux réjouissances et évènements évoqués depuis ce matin. Il est normal qu'un regroupement de plusieurs centaines de personnes implique nécessairement la survenance d'un dommage, aussi infime soit-il.

Avant de rentrer dans le cœur du sujet, il convient de répondre à deux questions préliminaires : Quelle responsabilité ? Quelle fête ?

Quelle responsabilité ? Il s'agira évidemment de la responsabilité civile des personnes publiques. Sans aller excessivement dans les détails d'une présentation de la responsabilité de la puissance publique, je souhaite simplement rappeler que la responsabilité civile est le second principe sur lequel repose le fonctionnement de l'administration, en plus du principe de légalité[461]. Lorsque l'administration cause un dommage de par son activité, elle doit le réparer. Parfois, lorsque des textes législatifs le prévoient, les personnes publiques voient leur responsabilité engagée devant les tribunaux de droit commun, de même dans des cas dégagés par la jurisprudence, par exemple lorsqu'une personne publique cause un dommage alors qu'elle agit dans le cadre d'une activité de gestion

---

461 ROUALT (M-C), *Droit administratif*, 2e édition, Gualino éditeur, p. 579

privée. Cependant, dans la majorité des cas, en vertu du principe d'autonomie du droit de la responsabilité administrative par rapport au droit privé dégagé par le célèbre arrêt *Blanco*, la responsabilité des personnes publiques obéit à des règles particulières. Le juge compétent est alors le juge administratif.

Quelle fête ? La question semble plus complexe, tant le terme apparait flou et généraliste. Cette journée nous a permis de comprendre toute la diversité du mot « fête », ainsi que la multiplicité des définitions possibles. J'ai également la mienne. Parmi les différentes définitions données par le dictionnaire Larousse, je me suis permis d'en retenir une : une fête vise des réjouissances publiques destinées à commémorer périodiquement quelque chose. Cela peut être un évènement, un personnage, un fait précis, ou même une commune dans son ensemble, ce qui est le cas des fêtes locales organisées par chaque commune annuellement. A partir de cette définition, un spectacle peut être considéré comme une fête s'il est organisé pour célébrer quelque chose de particulier. On identifie comme spectacle « *toute manifestation visant à présenter directement à un public une animation qui se déroule dans un lieu déterminé et à un moment donné* »[462]. Ce ne doit donc pas être une manifestation permanente. Par exemple ; le feu d'artifices organisé par une commune le 14 juillet constitue bien un spectacle, et par la suite une fête puisque réalisé en vue de commémorer la fête nationale. De même, les feux d'artifices ou des jeux sportifs organisés lors de fêtes locales chaque année s'intègrent naturellement dans la catégorie des fêtes.

Par soucis de simplicité et de délimitation nécessaire à propos d'un sujet aussi vaste, nous ne retiendrons que le cas d'une fête organisée par une commune sur son propre territoire. Les fêtes organisées par une personne privée dans une commune ne feront pas l'objet de cette étude alors même que la responsabilité de la puissance publique peut évidemment être engagée. En effet, une fête se déroule souvent dans un lieu collectif dont les collectivités territoriales, et principalement les communes, ont la charge. De même, la responsabilité de la puissance publique en cas de dommages survenus lors de rave parties ne sera pas analysé ici en raison du caractère très particulier du régime juridique de ces évè-

---

462 AUBY (F), *La commune et les spectacles*, Moniteur, 2005.

nements, dû notamment au partage du pouvoir de police entre le maire et le préfet[463].

Tout l'intérêt de cette intervention réside dans la recherche des causes d'engagement de la responsabilité de la commune en cas de dommage survenu lors d'une fête. La fête est le cadre « idéal » pour l'étude du principe de responsabilité de la puissance publique. En effet, il n'est pas rare que des dommages surviennent, et on comprend de surcroit le lien avec la puissance publique, en l'espèce la commune, puisque c'est elle qui organise l'évènement, qui en a la charge.

Traditionnellement, la responsabilité d'une personne publique sera engagée si le dommage trouve sa cause dans une faute de l'administration ou du service public en cause, la faute étant une anomalie dans le fonctionnement normal de ce service. Parallèlement à cette responsabilité pour faute, la jurisprudence administrative a développé l'idée que la responsabilité d'une puissance publique puisse être engagée alors même qu'aucun comportement fautif ne lui est imputable, mais en établissant un lien de causalité entre l'activité publique et un préjudice.

L'objectif de ma contribution sera ainsi de vous démontrer que le régime de la fête organisée par une commune est effectivement soumis au principe de la responsabilité civile de la puissance publique, et que le cadre de la fête a permis, à plusieurs reprises par des arrêts importants, une évolution de ce régime de responsabilité. C'est le cas pour la responsabilité pour faute, mais aussi pour la responsabilité sans faute.

§ 1. La responsabilité pour faute d'une commune dans le cadre d'une fête

La responsabilité de la commune lorsqu'elle organise une fête obéit au régime classique en matière de responsabilité pour faute (A). Nous verrons ensuite la question de l'identité de la personne publique responsable (B).

---

463 VIDELIN (C), *Le régime juridique des rave parties*, *AJDA* 2004, p. 1070.

A. Les fondements de la responsabilité pour faute dans le cadre d'une fête

Selon l'article L. 2212-2 du code général des collectivités territoriales, « *la police administrative a pour objet d'assurer le bon ordre, la sûreté, la sécurité et la salubrité publiques* ». Je ne reviendrai pas sur le détail des pouvoirs de police du maire qui vous ont été exposés à l'instant, je rappellerais juste cependant que la police du bon ordre vise la tranquillité publique. Ainsi, il appartient au maire de prendre des mesures pour prévenir tout risque pouvant perturber le repos des habitants de la commune. Il doit maintenir l'ordre public en cas de grands rassemblements. Si le maire ne satisfait pas à ces obligations, s'il fait preuve de carence en la matière, il commet alors une faute susceptible d'engager sa responsabilité en cas de dommage survenu en raison de l'absence d'adoption des mesures de police nécessaires. Par exemple, en ne prenant pas de manière permanente les mesures de police appropriées en vue de prévenir et de mettre fin rapidement aux nuisances dues à une fêtes foraine, le maire a commis une faute de nature à engager la responsabilité de la commune[464]

(Pour donner un autre exemple, afin d'illustrer davantage mes propos, le fait, à l'occasion d'une retraite aux flambeaux, pour les services de police de laisser des porteurs de torches se répandre dans les rues de la commune et stationner plus d'une heure dans la cour de l'école sans prendre aucune mesure de sécurité engage également la responsabilité de la commune[465]. Cela a été jugé par un arrêt du Conseil d'Etat en date du 17 juin 1959, *Delle Victor*.)

Toutefois, le maire n'est pas responsable des conséquences néfastes d'une bousculade lors d'une fête locale dès lors qu'aucune carence dans l'utilisation des pouvoirs de police par le maire n'est établie en l'espèce, selon un arrêt du Conseil d'Etat du 27 novembre 1959, *Commune de Blainville-sur-Mer*.

Mais le juge peut appréhender de deux manières différentes la réparation d'un préjudice survenu lors d'une fête organisée par

---

464 CAA Douai, 14 mai 2008, *Commune de Compiègne c/ M. Finel*, req. n°07DA1776, *BJCL* 2008, 607.

465 Cons. d'Et. 17 juin 1959, *Delle Victor*, req. n°8410, *Rec.* p. 366.

une commune. Soit il considère la faute comme étant simplement une faute de police du maire, soit il peut considérer la fête comme un service public, ce qui fait naitre une responsabilité de la commune « *du fait de la mauvaise organisation ou du mauvais fonctionnement du service* »[466] en plus de la responsabilité pour faute de police.

Par exemple, il a été établi que la responsabilité d'une commune en cas d'accident survenu à un spectateur d'un feu d'artifice tiré sur commande de la commune ne peut être engagée que si la victime établit l'existence d'une faute dans l'organisation ou le fonctionnement du service public ou d'une faute dans l'organisation des mesures de police prises pour assurer la sécurité des spectateurs[467].

Il est même possible que le juge ne fasse pas référence à la faute de police du maire, pour ne s'intéresser qu'à une faute de service. C'est le cas dans l'arrêt du Conseil d'Etat en date du 3 novembre 1961, *Commune de Vico*[468]. Selon Roland Vandermeeren, « *le comportement de l'administration s'apprécie ici , non pas tant au regard des obligations pesant sur l'autorité de police, mais plutôt par rapport aux exigences d'une organisation correcte* » du service. Il ajoute que « *la responsabilité de la police est, en quelque sorte, absorbée par celle du service* ». Il en conclue qu'en faisant ainsi preuve de sévérité envers les collectivités publiques, puisqu'au départ une faute simple était exigée, « *le juge tient compte du caractère facultatif des réjouissances locales, mais aussi des dangers que celles-ci peuvent présenter* »[469].

Que ce soit une faute de police ou une faute de service, la nature du juge à qui adresser le recours ne changera pas, puisqu'il s'agira toujours du juge administratif. Pendant longtemps, l'intérêt de cette dualité dans les fautes du maire résidait dans le fait qu'une faute simple était exigée pour la faute de service alors que pour

---

466 BON (P), « Police de la sécurité publique : police des activités et lieux susceptibles d'être dangereux », *Collectivités locales* (dir. DOUENCE (J-C)), p. 47, édition 2006-1.

467 FOURNIER (J) et COMBARNOUS (M), note sous Cons. d'Et., 21 février 1958, *Commune de Domme c/Dame Mauvy*, req. n°037170, *Rec.* p. 118; *AJDA*, 1958, II, p. 220.

468 Cons. d'Et. 3 novembre 1961, *Commune de Vico*, req. n°50644, *Rec.* p. 612.

469 VANDERMEEREN (R), « Responsabilité des services de police », *Répertoire de la responsabilité de la puissance publique*, avril 2005.

l'exécution des mesures de police visant à maintenir le bon ordre dans la commune, le juge exigeait une faute lourde. C'est donc en ce qui concerne le degré de gravité de la faute que la distinction avait un sens. Mais c'est moins le cas aujourd'hui, tant la faute lourde a quasiment disparu du champ du contentieux de la police administrative[470].

Il n'en demeure pas moins que la question est de savoir si une fête est un service public ou non, car dans le cas contraire le juge ne pourra pas reconnaître l'existence d'une faute de service. Nous reviendrons sur cette question plus tard car elle a tout son intérêt, encore aujourd'hui, à propos de la responsabilité sans faute. Attardons nous, avant cela, à l'identité de la personne publique responsable.

B. La personne publique responsable

Comme j'ai pu l'évoquer en introduction, le cadre de la fête, « idéal » pour l'application du régime de la responsabilité, a eu son importance dans la construction de ce régime, de par le nombre d'affaires concernant des fêtes publiques, ainsi que par des arrêts restés célèbres et concernant également de telles réjouissances. C'est le cas pour ce qui est de déterminer la personne publique responsable lorsque le maire commet une faute dans l'utilisation de ses pouvoirs de police. Il s'agit là de l'arrêt *Epoux Lemonnier* adopté par le Conseil d'Etat le 26 juillet 1918.

Les faits sont simples, mais il est important de les rappeler, car ils sont décisifs pour comprendre le pas franchi en la matière. La commune de Roquecourbe dans le Tarn célébrait sa fête annuelle. Pour l'occasion, la mairie avait organisé une attraction consistant en un stand de tirs sur des buts flottant sur la petite rivière traversant la commune. Le souci est que cette année là, comme l'année précédente, avait été implantée sur la rive opposée une promenade très fréquentée. Or, pendant une grande partie de la journée des promeneurs s'étaient plaints du danger représenté par cette attraction, certains affirmant même avoir été effleurés par des tirs. Le maire avait quelque peu réagi en modifiant légèrement les conditions de tir mais pas assez, dans la mesure où quelques heures

---

470 P. Bon, *op. cit.*

après, un de ces tirs a atteint Madame Lemonnier qui se promenait avec son mari. Les époux demandèrent donc des dommages intérêts auprès de la commune.

Pourquoi cet arrêt constitue-t-il une étape importante dans la jurisprudence sur la responsabilité ? Pendant longtemps, depuis l'arrêt *Pelletier* du Tribunal des conflits du 30 juillet 1873, le juge effectuait la distinction entre la faute personnelle de l'agent et la faute de service. En cas de faute de service, la responsabilité de l'agent ne pouvait être recherchée, et dans le cas inverse, l'administration n'était pas rendue responsable. La distinction est cependant trop théorique, dans les faits elle est souvent très complexe à mettre en œuvre, tant la faute d'un agent de l'administration, lorsqu'il est en service, n'est pas exclusivement personnelle ou rattachée à son service. De même, exclure l'administration peut apparaître préjudiciable pour la victime dans la mesure où l'agent est parfois incapable de réparer le dommage personnellement. A l'inverse, exclure l'agent de toute responsabilité peut s'avérer dangereux si cela a pour conséquence un manque de zèle dans l'exercice de ses fonctions, précisément en matière de fêtes où les risques pour la sécurité sont importants.

C'est la raison pour laquelle le Conseil d'Etat admit que les deux fautes pouvaient se cumuler, entrainant ainsi la responsabilité de la commune. C'est ce que nous enseigne l'arrêt *Anguet* du 3 février 1911. Mais l'arrêt *Epoux Lemonnier* va encore plus loin en jugeant qu'une seule faute, en grande partie dûe à une faute personnelle de l'agent, entraine sa responsabilité, mais aussi et surtout, la responsabilité de l'administration, donc de la commune en l'occurrence pour le sujet qui nous concerne. C'est donc le cumul de responsabilités qui nait de cet arrêt. Il est fondamental car lors d'une fête communale, lorsque le maire prend des mesures de sécurité, s'il commet une faute c'est forcément une faute personnelle, mais les risques de dommages sont si importants qu'il est primordial que la responsabilité de la commune puisse être engagée. C'est une garantie pour le maire mais aussi pour la victime du dommage.

Cette jurisprudence importante, dégagée à l'occasion d'un litige concernant une fête, a par la suite largement été appliquée et même étendue au cas d'une faute commise en dehors du service mais engageant malgré cela la responsabilité de la commune. A présent, un autre point mérite notre attention, la responsabilité d'une commune pour des dommages survenus lors d'une fête en dehors de toute faute du maire.

§ 2. La responsabilité sans faute d'une commune dans le cadre d'une fête

Il existe deux types de responsabilité sans faute : la responsabilité pour risque et la responsabilité pour rupture de l'égalité devant les charges publiques[471]. La fête peut donner lieu à réparation dans les deux cas. En effet, un dommage peut être le résultat d'un risque lié à des attroupements ou des rassemblements[472]. De même, une commune peut voir sa responsabilité engagée pour rupture d'égalité devant les charges publiques du fait de l'adoption légale d'un règlement. Par exemple, si un maire décide de réglementer la circulation pendant les fêtes communales, ce qui peut créer à l'égard d'un usager un dommage spécial et anormal.

Mais nous nous attarderons sur un autre type de responsabilité pour risque dans le cadre de cette seconde partie, la responsabilité au profit des collaborateurs des services publics. La jurisprudence est riche en la matière, et elle s'est notamment construite par un arrêt resté célèbre dont les faits se rapportaient à une fête. Après avoir rappelé la portée de cet arrêt, il conviendra brièvement de préciser les conditions d'application, pour le cadre d'une fête, du régime de responsabilité sans faute aux collaborateurs bénévoles du service public.

A. L'arrêt *Commune de Saint-Priest-la-Plaine* du 22 novembre 1946

Le régime de la responsabilité sans faute au profit des collaborateurs des services publics avait été institué par l'arrêt *Cames* en 1895[473]. Dans cette affaire, le juge administratif a accordé des indemnités à un ouvrier de l'Etat victime d'un accident du travail alors même qu'aucune faute ne pouvait être reprochée à l'adminis-

---

471 ROUALT (M-C), *Droit administratif*, 2e édition, Gualino éditeur, p. 633

472 Article L. 2216-3 du Code général des collectivités territoriales.

473 Cons. d'Et. 21 juin 1895, *Rec.* 509.

tration. Alors que pour les collaborateurs permanents, l'existence d'une législation particulière les prive de l'application de cette jurisprudence, ses effets se sont au contraire étendus progressivement aux collaborateurs occasionnels

Pendant longtemps, les collaborateurs volontaires et bénévoles ne pouvaient pas en bénéficier car ils devaient prouver l'existence d'une faute simple. Par exemple, l'arrêt *Sarda* rendu par le Conseil d'Etat dont les faits concernaient un requérant blessé pendant un feu d'artifice qu'il avait bénévolement accepté de tirer[474]. Au contraire; seuls les collaborateurs requis pouvaient être indemnisés sans avoir à prouver l'existence d'une faute commise par l'administration, ainsi un requérant blessé alors qu'il avait été requis par la gendarmerie pour lutter contre un incendie[475]. Par la suite, la jurisprudence a été de plus en plus étendue, notamment en rendant plus flexible la notion de « *collaborateur requis* », une simple sollicitation ou une simple demande d'aide étant tout de même considérée comme une réquisition.

L'arrêt *Commune de Saint-Priest-la-Plaine* est en quelque sorte la dernière étape de cette évolution puisqu'il accorde le régime de la responsabilité sans faute à un collaborateur bénévole alors qu'il s'était prononcé dans le sens inverse dans l'arrêt *Sarda*. En l'espèce, deux habitants d'une ville avaient accepté bénévolement de tirer un feu d'artifice lors d'une fête locale à la demande du maire. Alors qu'aucune faute ne pouvait leur être imputée, ni à l'administration, ils ont été blessés par l'explosion inattendue d'un engin. Le Conseil d'Etat leur donne satisfaction en engageant la responsabilité sans faute de la commune. Il s'agit à présent de s'intéresser aux conditions de cette responsabilité définies par l'arrêt puis affinées par la jurisprudence ultérieure.

B. Les conditions d'application du régime de responsabilité sans faute au profit des collaborateurs bénévoles du service public

La première condition pour que ce régime s'applique relève de la nature de l'activité à laquelle a participé le collaborateur. Ce doit

---

474 Cons. d'Et. Ass. 22 octobre 1943, *Sarda, Rec.* p. 232.

475 Cons. d'Et. Sect., 5 mars 1943, *Chavat, Rec.* p. 62.

être un service public relevant de la personne publique dont la responsabilité est susceptible d'être engagée. Dans quelle mesure une fête, un spectacle, vont-ils relever d'un service public ? Le juge administratif se sert de deux critères pour répondre à cette question : une fête doit présenter « *le double caractère d'être, d'une part, une fête traditionnelle, et, d'autre part, d'être organisée par la commune* »[476]. Le Conseil d'Etat a par exemple reconnu l'existence de ces deux critères dans un arrêt *Perroud* de 2004, en faveur d'un sapeur-pompier collaborant à l'organisation d'un feu d'artifice et blessé par l'explosion d'une charge préparée par ses soins[477].

Si la fête revêt un caractère traditionnel mais n'est pas organisée par la mairie, ou inversement si elle est organisée par la mairie mais dénuée de caractère traditionnel, le régime de responsabilité sans faute n'est pas appliqué car ce n'est pas une activité de service public. Par exemple, une course de chevaux organisée dans le cadre d'une fête municipale[478], de même qu'une rencontre sportive prévue au programme d'une fête communale[479] n'ont pas été reconnues comme étant des activités de service public en raison de l'absence du caractère traditionnel. Un feu d'artifices est donc considéré comme traditionnel, mais non pas une course de chevaux. Il s'agit d'une appréciation souveraine du juge, souvent guidée par le contexte local et par la nature des fêtes en cause.

La seconde condition relève de la qualité de l'intervention du collaborateur à l'activité de service public, il faut qu'elle ait été réelle et effective. Le collaborateur doit avoir participé à l'exécution du service public. Appliqué au cadre de la fête, cela signifie qu'une personne doit avoir participé à l'organisation même de la fête ou du spectacle en cause, tels des musiciens amateurs participant à l'animation de la fête[480]. Collaborer de manière effective au service public entraine l'exclusion de ce régime des usagers, qui

---

476 P. Bon, *op cit.*, p. 2523-24.

477 Cons. d'Et., 30 avril 2004, *Perroud*, req. n°244143, *Rec.* T. p. 870 ; BJCL 7/2004, p. 501, conclusions PRADA-BORDENAVE (E).

478 Cons. d'Et. 30 oct. 1953, *Bossuyt* : *Rec.* Cons. d'Et. 1953, p. 466 ; RD publ. 1954, p. 178, note WALINE (M) ; *AJDA* 1954, II, req. n° 22.

479 Cons. d'Et. 12 avr. 1972, *Sieur Chatelier*, req. n°80983, *Rec.* p. 262.

480 Cons. d'Et. 2 juin 1972, *Commune de la Hérie*, req. n°80723, *Rec.* T. p. 1220

bénéficient du service public mais qui n'en sont pas les collaborateurs. Ainsi, ne peuvent pas prétendre au régime des collaborateurs du service public les personnes participant aux compétitions et jeux organisés lors d'une fête locale[481].

Pour conclure, si les fêtes sont effectivement soumises aux régimes de responsabilité de la puissance publique, elles ont par ailleurs été à plusieurs reprises à l'origine de la construction de ces régimes. Je vous remercie.

---

481 Cons. d'Et. Sect. 30 Oct. 1953, *Bossuyt*, *Rec.* 466 ; JCP 1953.I.1142, chr. Gazier et Long ; *RD publ.* 1954.178, note WALINE (M).

Bibliographie

Ouvrages généraux et spécialisés, ouvrages collectifs, thèses, manuels et traités

AUBY (F), *La commune et les spectacles*, Moniteur, 2005.

BARGNA (I), *La grande histoire de l'art – L'Afrique*, Le Figaro Collection Tome 14, Paris 2006, p. 12 et s.

BATAILLE (G), *La part maudite. Essai d'économie générale*, Tome I. La Consumation, Edition de Minuit, Paris 1949, p. 160 et s.

BAUDOT (G), et GILARD (J), « Présentation » in *La fête en Amérique latine,* Caravelle n°73, Presses universitaires du Mirail, Toulouse 1999, p. 6.

BECK (R.), *Histoire du dimanche de 1700 à nos jours*, éd. de l'Atelier, 1997, p.50 et 269 à 285.

BON (P), « Police de la sécurité publique : police des activités et lieux susceptibles d'être dangereux », *Collectivités locales* (dir. DOUENCE (J-C)), p. 47, édition 2006-1.

BON (P), « Police des activités sportives et de loisirs », *in Police des activités et lieux susceptibles d'être dangereux,* Encyclopédie des collectivités locales, Chapitre 2 (folio n° 2523), mars 2006, n°2 et s.

BON (P), *Police des autres activités s'exerçant sur les voies publiques,* Chapitre 3 (folio n° 2268), Encyclopédie des collectivités locales juin 1999 (mise à jour mars 2005), n°57.

BOURDIEU (P), *La distinction. Critique sociale du jugement,* Les éditions de minuit, Paris, 1979, pp. 128 et ss.

CAILLOIS (R), « Le sacré de transgression : théorie de la fête », *in L'homme et le sacré*, Leroux-PUF, Paris, 1939, p. 263.

CAILLOIS (R), *L'homme et le* sacré, Leroux, Paris 1939, p. 125.

CASTORIADIS (C), *L'institution imaginaire de la société*, Seuil, 1975, p. 519.

Commission de réflexion sur l'application du principe de laïcité dans la République, *Rapport au Président de la République*, 11 décembre 2003, notamment p. 65 et 69.

Cour des comptes, « Subventions allouées aux associations par la Région de Provence-Alpes-Côte d'Azur et de département des Bouches-du-Rhône : la nécessaire maîtrise des risques », *in Rapport Public annuel*, 2014, La Documentation Françaises, pp. 115-214.

CZARNOWSKI (S), *Le culte des héros et ses conditions sociales : Saint Patrick, héros national de l'Irlande*, Librairie Félix Alcan, 1919, p. 63.

DAGNAUD (M), *La fête jusqu'à plus soif*, Rapport de recherche, juillet 2006.

DEBORD (G), *La société du spectacle*, Gallimard, Folio, 1967, p. 154.

DURKHEIM (E), *Les formes élémentaires de la vie religieuse,* F. Alcan, Paris 1912, p. 313 et s.

DUVIGNAUD (J), *Fêtes et civilisations*, *op. cit.* et *Le don du rien, essai d'anthropologie de la fête*, Stock, Paris, 1977.

DUVIGNAUD (J), *Fêtes et civilisations*, Weber, 1973 ; Cahiers de Kubaba, « La fête : la rencontre des dieux et des hommes », *in* Actes IV du 2ème colloque international de Paris, *La fête, la rencontre du sacré et du profane*, L'Harmattan, Paris, 2004.

FILLON (N), « Les surgissements festifs dans l'espace public », *in* CAREIL (B) et. MOREAU (Ch), *La fête réussie et les rassemblements festifs dans l'espace public*, pp. 33 et ss.

FREUD (S), *Totem et Tabou*, 1913, p. 161.

FREUD (S), *Totem et tabou,* Payot, Paris 1824, rééd. p. 194.

GAUDEMET (Y), *Droit administratif*, LGDJ, 20ème édition, 2012.

GURVITCH (G) « La multiplicité des temps sociaux », *La vocation actuelle de la sociologie. Antécédents et perspectives*, tome II, P.U.F., Paris, 2ème éd. remaniée, 1963, p. 327.

HAMPARTZOUMIAN (S), *Effervescence techno : ou la communauté trans(e)cendentale,* L'Harmattan, Paris 2004, p. 132.

HEBRAUD (P), « La notion de temps dans l'œuvre du Doyen Maurice Hauriou », *in* BRIMO (A) et MARTY (G.), *La pensée du Doyen Maurice Hauriou et son influence*, Editions A. Pédone, coll. Philosophie comparé du droit et de l'Etat, Paris, 1969, p. 199.

ISAMBERT (F A), *Le sens du sacré. Fête et religion populaire*, Le sens commun, Les Editions de Minuit, 1982.

JOFFREDO (L) et LEFILLASTRE (A), « Calendriers et fêtes: les éternels retours », *in Textes et documents pour la classe*, 15 décembre 1998, n°766, p. 3.

KOSMICKI (G), *Free party : une histoire, des histoires,* Le mot et le reste, Paris 2013, p. 724.

LALANDE (A.), *Vocabulaire technique et critique de la philosophie*, P.U.F., Paris, 2e éd., 2006, p. 1110.

LEBRETON (G), *Libertés publiques et droits de l'homme*, Armand Colin 2003, 6ème édition, p. 182.

LEVI-STRAUSS (C), *Tristes tropiques,* Plon, Paris 2001, spéc. p. 51-57.

LONG (M), WEIL (P), BRAIBANT (G), DELVOLVE (P) et GENEVOIS (B), *Les grands arrêts de la jurisprudence administrative,* 18ème édition, Dalloz, Paris 2011.

MARMONTEL (J-F), *Les incas ou la destruction de l'Empire du Pérou,* Tome I., Locard et Davi, Paris 1821, p. 33 et s.

MAUSS (M) et FAUCONNET (P), « La sociologie, objet et méthode », *La Grande Encyclopédie*, 1901, vol. 30, p. 11.

MESNIL (M), *Trois essais sur la fête, du folklore à l'ethno-sémiotique*, Ed. de l'Université de Bruxelles, 1974, p. 25.

MINET (Ch-E), Droit de la police administrative, Collection Public Droit, Vuibert, 2007 *in* CHAPUS (R), Droit administratif général, Tome 1, Montchrestien, 15e édition, 2001.

MOREAU (Ch) et PECQUEUR (Ch), « La fête réussie », *in* CAREIL (B) et MOREAU (Ch), *La fête réussie et les rassemblements festifs dans l'espace public*, Actes du colloque La fête réussie et les rassemblements festifs dans l'espace public, Rennes, 6 et 7 décembre 2010, p. 10, [en ligne]. Disponible sur [www.adrenaline-fete.fr].

MORFAUX (L-M), « Fête », *Vocabulaire de la philosophie et des sciences humaines*, Armand Colin, Paris, 2001, p. 126.

MURAY (Ph), *Après l'histoire*, Les belles lettres, Paris, 1999, pp. 10-11.

MURAY (Ph), *Festivus festivus*, Fayard, 2005.

NAHOUM-GRAPPE (V), « Le regard de l'anthropologue », *in* CAREIL (B) et MOREAU (Ch) (Dir.), *La fête réussie et les rassemblements festifs dans l'espace public*, p. 29.

NIETZSCHE (F), *L'origine de la tragédie*, Mercure de France, Paris 1901, rééd. 1947, p. 48.

OGOT (B A), *Histoire générale de l'Afrique*, Tome V., UNESCO, Paris 1998, p. 252 et s.

PLATON, *Les lois*, II 653 d.

PRADEL (J) et VARINARD (A), *Les grands arrêts du droit pénal général*, 8éme édition, Dalloz, Paris 2012.

PROULX (J), « Le jeu, le rire, la fête », *Critère*, 1971, n°3.

RACINE (E), *Le Phénomène techno*, Imago, Paris 2002, p. 40.

Rapport public du Conseil d'Etat, *EDCE*, 1999, pp. 299-303.

RIBARD (F), *Le Carnaval de Bahia, ethnicité, fête afro à Salvador*, L'Harmattan, Collection Recherches et documents – Amérique latine, 1999, p. 134.

ROUALT (M-C), *Droit administratif*, 2e édition, Gualino éditeur, p. 579

SESTIER (J-F), « L'appel à projets : déclin de la subvention et regain de la commande publique ? », *RFD Adm*, 2014, p. 411.

VALLOS (F), *Théorie de la fête : festivité, inopérativité et désœuvrement*, th. dactylographiée, Université Paris IV – Sorbonne, Paris, 2010, p. 21.

VANDERMEEREN (R), « Responsabilité des services de police », *Répertoire de la responsabilité de la puissance publique*, avril 2005.

WATREMEZ (Ch), *1580, Carnaval sanglant à Romans. Une lutte contre les paradis fiscaux*, La miramandole, 2010.

WUNENBURGER (J-J), *La fête, le jeu et le sacré*, Editions universitaires, Jean-Pierre Delarge éditeur, Paris, 1977.

Articles, notes et conclusions

BENJAMIN (M-Y) et BONNEFONT (R), « Quel avenir pour la procédure d'appel à projets ? », *AJDA*, 2010, p. 475.

BLUM (L), concl. sur Cons. d'Et., 26 juillet 1918, *Epoux Lemonnier*, *Rec.* p. 761, *GAJA* n° 32.

BOITEAU (C), « Conventions avec les associations », Fascicule n°624, *Jurisclasseur Contrats et Marchés Publics*, Lexis Nexis.

BOYON et NAUWELAERS, note sous Cons. d'Et., 11 juillet 1975, *Sieur Clément et Association pour la défense de la culture et de la musique contemporaine*, req. n°091193, *Rec.* p. 426; *AJDA*, 1975, p. 564.

CADIEU (P), « Notion de subvention-Eléments de clarification », *RLCT*, 2005, p. 6.

CLAMOUR (G), « Marchés et concessions "entre entités dans le secteur public" », *CMP*, 2014, n°6, dossier n°6.

DELVOLVE (P) « Sécurité et sûreté, Rapports présentés le 17 octobre 2011 aux Entretiens de l'Académie des sciences morales et politique », *RFD adm*, 2011 p. 1085.

DEWAILLY (S), concl. sur TA. Melun, 1 décembre 2006, *Département de Seine-et-Marne*, req. n°065188, *AJDA*, 2007, p. 856.

FLEURY (Th.), note sous Cons. d'Et., 23 décembre 2011, *Halfon et autres*, req. n°323309, *Rec.* p. 647, *Jcl. Adm.*, mars 2012, p. 45-47.

FOURNIER (J) et COMBARNOUS (M), note sous Cons. d'Et., 21 février 1958, *Commune de Domme c/Dame Mauvy*, req. n°037170, *Rec.* p. 118; *AJDA*, 1958, II, p. 220.

GEFFRAY (E), « Les collectivités et les associations : subventions, prestations de services et délégation de service public, triangle équilatéral ou triangle des Bermudes ? », *RGFP*, 2010, p. 939.

GLASER (S), concl. sur Cons. d'Et., 3 mai 2004, *Fondation assistance aux animaux*, req. n°249832, *Rec.* T. p. 551-565-878, *BJCP*, 2004, p. 466.

GLATRE (G), « Pour une théorie politique de la fête », 26 août 2008, [en ligne]. Disponible sur [http://blogs.mediapart.fr].

HERTZORG (R), « Linéaments d'une théorie de la subvention », *RFFP*, 1988, p. 7.

JOBART (J-Ch), « Les paradoxes des rassemblements Facebook. De l'ivresse de la fête à la sobriété du droit », *AJDA.*, 2010, p. 1978.

KARPENSCHIF (M), « D'un festival, l'autre : premières conséquences de l'arrêt Commune d'Aix-en-Provence », *JCP A,* 2007, n°2228.

KHARLAMOV (L.), « La jour de la Russie : une fête à l'histoire mouvementée », *Sputniknews* [en ligne], Disponible sur [http://fr.sputniknews.com/french.ruvr.ru/2013_06_12/Journee-de-la-Russie-une-fete-a-l-histoire-mouvementee-7714/].

KOEBEL (B), « Appel à projets : gare à la requalification ! », *JCP A*, 2012, n°2270.

LAPRADE (M), concl sur Cons. d'Et., Ass., 7 mai 1980, *Ministre du budget c. SARL Agepan*, req. n°13493, *Rec.* p. 216.

NICINSKI (S), « Les associations et le droit administratif : plaidoyer pour la convention d'objectifs et de moyen », *Droit adm.,* 2006, p. 7.

NICINSKI (S), « Les textes du droit de la commande publique ne comportent aucune exception générale pour les services culturels », « Culture et concurrence selon le juge administratif », *RFD adm*, 2014, p. 837.

NICOUD (F), « La participation des personnes privées à la sécurité publique : actualité et perspectives », *RDP*, n°5, 2006, p.1247.

Rapport au Président de la République, « L'application du principe de laïcite dans la République », *La documentation française*, le 11 décembre 2003, [en ligne], Disponible sur [http://www.ladocumentationfrancaise.fr/var/storage/rapports-publics/034000725.pdf].

RIGHI (N.), « Un objet pour tous : la fête », *Le Philosophoire*, n°17, février 2002, p. 200, *CAIRN*.

ROUAULT (M-C), « Police des spectacles et des jeux », *JCl. Administratif*, fasc. 211, 28 septembre 2005 (mise à jour : 18 septembre 2011), spéc. n°33 et s.

SAINT-PAUL, concl. sur Cons. d'Et., 5 août 1908, *Morel et autres, Rec.* p. 858.

SALINO (B), « Un dernier Automne en Normandie », *Le Monde*, 14 novembre 2014, p. 9.

SCHMITT (S), « Le contrôle des collectivités locales sur les associations subventionnées : l'exigence d'efficacité confrontée au quotidien », *AJDA*, 2003, p. 1088.

SCHWARTZ (R), concl. sur Cons. d'Et., 3 mai 2000, *Demoiselle Marteaux*, req. n°217017, *Rec.* p. 169, *RFD adm*, 2001 p. 146.

SENERS (F), concl. sur Cons. d'Et., 26 mars 2008, *Région de La Réunion*, req. n°284412, *Rec.* p. 114, *BJCP*, 2008, p. 246.

SENERS (F), concl. sur Cons. d'Et., Sect., 6 avril 2007, *Commune d'Aix-en-Provence*, req. n°284736, *Rec.* p. 155, *BJCP*, 2007, p. 289.

TCHERNONOG (V), *Le financement public des associations entre subventions et commandes*, CNRS, [en ligne].

TERNEYRE (Ph), « Le droit du contentieux des contrats administratifs a-t-il enfin atteint sa pleine maturité ? », *EDCE*, 2008, p. 383.

VIARD (Cl.), « Congés… pour « prières » », *Droit et cultures*, 51/2006, p.49-65.

VIDELIN (J-C), « Le régime juridique des rave parties », *AJDA*, 2004 p. 1070.

WALINE (M), *RDP*, 1967, p. 543

Décisions

Conseil constitutionnel

Cons. const., 12 juillet 1979, *Loi relative à certains ouvrages reliant les voies nationales ou départementales*, décision n°79-107 DC, *Rec.* p. 31.

Cons. const., 25 juillet 1979, *Loi modifiant les dispositions de la loi n°74-696 du 7 août 1974 relatives à la continuité du service public de la radio et de la télévision en cas de cessation concertée du travail*, décision n°79-105 DC, *Rec.* p. 33.

Cons. const., 27 juillet 1982, *Loi sur la communication audiovisuelle*, décision n°82-141 DC, *Rec.* p. 48.

Cons. const., 11 octobre 1984, *Loi visant à limiter la concentration et à assurer la transparence financière et le pluralisme des entreprises de presse*, décision n°84-181 DC, *Rec.* p. 78.

Cons. const., 18 sept. 1986, *Loi relative à la liberté de communication*, décision n°86-217 DC, *Rec.* p. 141.

Cons. const., 18 janvier 1995, *Loi d'orientation et de programmation relative à la sécurité*, décision n°94-352 DC *Rec.* p. 170, cons. 16

Cons. const., 19 janvier 1995, *Loi relative à la diversité de l'habitat*, décision n°94-359 DC, *Rec.* p. 176, cons. 5 et 7.

Cons. const., 18 décembre 1997, *Loi de financement de la sécurité sociale pour 1998*, décision n°97-393 DC, *Rec.* p. 320, cons. 30 à 34.

Cons. const., 23 juillet 1999, *Loi portant création d'une couverture maladie universelle*, décision n°99-416 DC, *Rec.* p. 100, cons. 4 à 6, 8 et 10.

Cons. const., 13 janvier 2000, *Loi relative à la réduction négociée du temps de travail*, décision n°99-423 DC, *Rec.* p. 33, cons. 27.

Cons. const., 19 novembre 2004, *Traité établissant une Constitution pour l'Europe*, décision n°2004-505 DC., *Rec.* p. 173.

Cons. const., 6 août 2009, *Loi réaffirmant le principe du repos dominical et visant à adapter les dérogations à ce principe dans les communes et zones touristiques et thermales ainsi que dans certaines grandes agglomérations pour les salariés volontaires*, décision n°2009-588 DC, *Rec.* p. 163, cons. 2.

Cour de Cassation

Cass. crim., 9 décembre 1915, *Odouard,* Les Grands arrêts du Droit Pénal Général req. n°49.

Cass. crim., 21 décembre 1961, *Dame Le Roux,* Les Grands arrêts du Droit Pénal Général req. n°8.

Cass., Civ., I, 24 octobre 1977, Bull. p. 386

Cass. crim, 5 février 1979, Bull. crim. req. n°49.

Cass. crim., 21 novembre 1961, *Devaud,* Les Grands arrêts du Droit Pénal Général req. n°22.

Cass. crim., 18 juin 2002, req. n°01-86.539, Les Grands arrêts du Droit Pénal Général p. 557.

Cass. civ. 3ème, 8 juin 2006, *Epoux Amsellem,* req. n°05-14.774 ; AJDI 2007 p. 311.

Conseil d'Etat

Cons. d'Et., 19 février 1909, *Abbé Olivier,* GAJA req. n°19.

Cons. d'Et., ord., 9 janvier 2014, req. n°374508.

Cons. d'Et. 21 juin 1895, *Rec.* p. 509.

Cons. d'Et., 7 novembre 1924, *Club sportif châlonnais*, *Rec.* p. 683.

Cons. d'Et., 1er mai 1929, *Metbach, Rec.* p. 448.

Cons. d'Et., 29 janvier 1932, *Société des autobus antibois,* req. n°99532, *Rec.* p. 117.

Cons. d'Et., Ass., req. n°12045, 17 juin 1932, *Ville de Castelnaudary*, *Rec.* p. 595.

Cons. d'Et., 2 mars 1934, *Sieur Prothée*, *Rec.* p. 1235.

Cons. d'Et., 25 janvier 1939, *Abbé Marzy*, *Rec.* p. 709.

Cons. d'Et., 1er février 1939, *La Lyre Mascaréenne*, *Rec.* p. 50.

Cons. d'Et. Sect., 5 mars 1943, Chavat, *Rec.* p. 62.

Cons. d'Et. Ass. 22 octobre 1943, Sarda, *Rec.* p. 232.

Cons. d'Et., 22 juin 1951, *Daudignac*, req. n°00590 02551, *Rec.* p. 362.

Cons. d'Et., 13 février 1953, *M. de Ternay*, *Rec.* p. 66.

Cons. d'Et. 30 oct. 1953, *Bossuyt*, Rec. p. 466.

Cons. d'Et., 3 décembre 1954, Sieur *Rastouil, évêque de Limoges*, *Rec.* p. 639.

Cons. d'Et. 17 juin 1959, *Delle Victor*, req. n°8410, *Rec.* p. 366.

Cons. d'Et., 18 décembre 1959, *Société les films Lutetia*, req. n°36385, 36428, *Rec.* p. 693.

Cons. d'Et. 3 novembre 1961, *Commune de Vico*, req. n°50644, *Rec.* p. 612.

Cons. d'Et., 18 novembre 1966, *Dame veuve Clément*, req. n°63503, *Rec.* p. 608

Cons. d'Et., 18 novembre 1966, *Sieur Froment*, req. n°59809, *Rec.* p. 607.

Cons. d'Et., 17 janvier 1969, *Commune de St-Genest-de-Contest*, req. n°73864, *Rec.* p. 29.

Cons. d'Et. 12 avr. 1972, *Sieur Chatelier*, req. n°80983, *Rec.* p. 262.

Cons. d'Et. 2 juin 1972, *Commune de la Hérie*, req. n°80723, *Rec.* T. p. 1220

Cons. d'Et., 21 juin 1972, *Sieur Mallisson*, req. n°82997, *Rec.* p. 472.

Cons. d'Et., 6 juillet 1973, *Ministre des Finances et Ministre des Affaires étrangères c/ Sieur Gomel et a.*, req. n°80958, 80235 à 80238, *Rec.* p. 475.

Cons. d'Et., 10 février 1978, *Secrétaire des Postes et télécommunications*, req. n°02643, *Rec.* T. p. 683.

Cons. d'Et., 18 janvier 1985, *Ville d'Aix-en-Provence*, req. n°51534, *Rec.* T. p. 531.

Cons. d'Et., 20 novembre 1985, *Commune d'Aigues-Mortes*, req. n°57139, *Rec.* p. 330

Cons. d'Et., 12 mars 1986, *Préfet de police de Paris c/ Metzler et autres,* req. n°52101, *Rec.* p.70.

Cons. d'Et., 23 octobre. 1989, *Commune de Pierrefitte, Commune de Saint-Ouen, Commune de Romainville*, req. n°93331, 93847, 93885, *Rec.* p. 209.

Cons. d'Et., Sect., 6 juillet 1990, *C.O.D.I.A.C.*, req. n°88224, *Rec.* p. 210.

Cons. d'Et., 19 novembre 1990, *Commune de Blénod-Lès-Pont-A-Mousson*, req. n°95219

Cons. d'Et., 24 juin 1991, *Bans et autres*, req. n°65671, 69230, *Rec.* T. p. 732.

Cons. d'Et., 8 juillet 1992, *MIDEM Organisation*, req. n°80731, *Rec.* T. p. 939.

Cons. d'Et., Sect., 9 octobre 1992, *Commune de Saint-Louis c/ Association « Siva Soupramanien de Saint-Louis »*, req. n°94455, Rec. p. 358.

Cons. d'Et., Sect., 25 juin 1993, *Société Télé Free Dom*, req. n°116742, *Rec.* p. 183.

Cons. d'Et., 14 mars 1994, *Yilmaz*, req. n°145656, *Rec.* p. 129.

Cons. d'Et., 7ème et 10ème sous-section, 1er avril 1994, *Commune de Menton*, req. n°144152-144241, *Rec.* p. 176

Cons. d'Et., 25 novembre 1994, *Association cultuelle Cha'are Shalom Ve-Tsedek*, req. n°110002, *Rec.* p. 509.

Cons. d'Et., Ass., 14 avril 1995, *Koen*, req. n°157653, *Rec.* p. 169.

Cons. d'Et., 27 octobre 1995, *Commune de Morsang sur Orge*, req. n°136727, *Rec.* p. 372.

Cons. d'Et., 2 février 1996, *Commune d'Istres*, req. n°155583.

Cons. d'Et., 12 février 1997, *Melle Henny*, req. n°125893, *Rec.* T. p. 891.

Cons. d'Et., 5ème et 3ème sous-sections réunies, 29 décembre 1997, *Commune d'Ostricourt*, req. n°170606, *Rec.* T. p. 706.

Cons d'Et., 29 novembre 1999, *Fédération de la formation professionnelle*, req. n°202685, *Rec.* T. p. 582.

Cons. d'Et., 6 avril 2001, *SNES*, req. n°219379, 221699, 221700, *Rec.* p. 171

Cons. d'Et., ordonnance du juge des référés, 9 juillet 2001, *Préfet du Loiret*, req. n°235638, *Rec.* p. 337.

Cons. d'Et., ord., 16 février 2004, *M. Ahmed B.* req. n°264314, *Rec.* T. p. 826

Cons. d'Et., ord., 7 avril 2004, *Epoux K.*, req. n°266085, *Rec.* p. 164.

Cons. d'Et., 30 avril 2004, *Association Technopol*, req. n°248460, *Rec.* p. 186

Cons. d'Et., 30 avril 2004, *Perroud*, req. n°244143, *Rec.* T. p. 870.

Cons. d'Et., 16 février 2005, *M. X c/ Commune de Sarreguemines*, req. n°257253.

Cons. d'Et., 4 avril 2005, *Commune d'Argentan*, req. n°264596, *Rec.* p. 137.

Cons. d'Et., 3 mai 2005, *CFTC*, req. n°279999, *Rec.* p. 1465.

Cons. d'Et., 5 décembre 2005, *Département de la Dordogne*, req. n°259748, *Rec.* p. 552.

Cons. d'Et., ord., 5 janvier 2007, *Ministre de l'Intérieur c/ Association « Solidarité des Français »*, req. n°300311, *Rec.* T. p. 1013.

Cons. d'Et., Sect., 22 février 2007, *APREI*, req. n°264541, *Rec.* p. 92.

Cons. d'Et., Sect., 6 avril 2007, *Commune d'Aix-en-Provence*, req. n°284736, *Rec.* p. 155.

Cons. d'Et., 7 août 2008, *Crédit Coopératif*, req. n°285979, *Rec.* p. 316.

Cons d'Et.., 23 mai 2011, *Commune de Six-Fours-les-Plages*, req. n°342520, *Rec.* p. 255.

Cons. d'Et., Ass., 19 juillet 2011, *Fédération de la libre pensée et de l'action sociale du Rhône et P.*, req. n°308817, *Rec.* p. 392.

Cons. d'Et., Ass., 19 juillet 2011, *Communauté urbaine du Mans-Le Mans Métropole*, req. n°309161, *Rec.* p. 394.

Cons. d'Et., 23 mai 2012, *RATP*, req. n°348909.

Cons. d'Et., 26 octobre 2012, *M. Lliboutry*, req. n°346648, *Rec.* T. p. 631

Cons. d'Et., 26 novembre 2012, *ADEME*, req. n°344379, *Rec.* p. 391.

Cons. d'Et., Ass., 15 février 2013, *Association Grande confrérie de Saint Martial et autres*, req. n°347049, *Rec.* p.10.

Cons. d'Et. 16 octobre 2013, *Garde des Sceaux c/ M.F. et autres*, req. n°351152, 351153, *Rec.* T. p.588.

Cons. d'Et., 16 juillet 2014, *M. B.*, req. n°377145.

Cons. d'Et., Ass., 30 décembre 2014, *Société Armor SNC*, req. n°355563, *Rec.* p. 433.

Cour administrative d'appel

CAA Marseille, 4 octobre 2012, *MAAF Assurances*, req. n°10MA01550.

CAA Douai, 25 mai 2004, *Commune de Vred*, req. n°01DA00264, Rec. p. 493 ; *Collectivités territoriales Intercommunalité* n°7, Juillet 2004, comm. 145 note MOREAU.

CAA. Marseille, 28 juin 2004, *Société Cinéma G. Lamic SARL*, req. n°00MA00317

CAA Lyon, 3 nov. 2005, *Commune de Montluçon,* req. n°00LY01015.

CAA Bordeaux, 30 décembre 2005, *Société Chantiers modernes,* req. n°02BX01644.

CAA Nancy, 5 avril 2007, *Compagnie national des ingénieurs et experts forestiers en bois et a.*, req. n°04NC00406.

CAA Douai, 14 mai 2008, *Commune de Compiègne c/ M. Finel*, req. n°07DA1776, *BJCL* 2008, 607.

CAA. Douai, 19 février 2009, *Département de l'Oise*, req. n°07DA00027.

CAA Nancy, 27 mai 2010, *Ville de Strasbourg*, req. n°09NC01238.

CAA. Lyon, 24 juin 2010, *Commune de Dijon*, req. n°09LY02945.

CAA Versailles, 15 mai 2012, *M. Rodolphe A.*, req. n°11VE03616.

CAA Versailles, 9 avril 2013, *Commune d'Anthony*, req. n°12VE02010.

CAA. Lyon, 18 avril 2013, *Commune de Saint-Nectaire*, req. n°12LY01547.

CAA Marseille, 2 mai 2013, *Commune de Six-Four-Les-Plages,* req. n°11MA01645.

CAA Nantes, 5 juillet 2013, *M. B. A.*, req. n°11NT02108.

CAA Versailles, 8 octobre 2013, *La ligue des droits de l'homme*, req. n°12VE01617.

CAA Nantes, 21 février 2014, *M. F. A. et Mme B. G.*, req. n°12NT00123.

CAA Marseille, 19 juin 2014, *Mme D. E.*, req. n°12MA03846.

CAA Versailles, 26 juin 2014, *Mme B. D. et M. A. C.*, req. n°12VE02158.

Tribunal administratif

TA Bordeaux, 7 avril 1967, *Commune d'Agen,* publié au recueil Lebon.

TA Châlons-en-Champagne, 29 avril 2005, *Conservatoire du patrimoine naturel et autres*, req. n°0500828.

TA., Amiens, 13 octobre 2005, *Fédération des œuvres laïques de l'Oise*, req. n°0102706.

TA. Melun, 1 décembre 2006, *Département de Seine-et-Marne*, req. n°065188.

TA. Nice, 18 janvier 2008, *Commune de Varages c. Département du Var*, req. n°0500452.

TA Nantes, 14 novembre 2014, *Fédération de Vendée de la libre pensée*, req. n°1211647

Table des matières

L'HARMATTAN ITALIA
Via Degli Artisti 15; 10124 Torino
harmattan.italia@gmail.com

L'HARMATTAN HONGRIE
Könyvesbolt ; Kossuth L. u. 14-16
1053 Budapest

L'HARMATTAN KINSHASA
185, avenue Nyangwe
Commune de Lingwala
Kinshasa, R.D. Congo
(00243) 998697603 ou (00243) 999229662

L'HARMATTAN CONGO
67, av. E. P. Lumumba
Bât. – Congo Pharmacie (Bib. Nat.)
BP2874 Brazzaville
harmattan.congo@yahoo.fr

L'HARMATTAN GUINÉE
Almamya Rue KA 028, en face
du restaurant Le Cèdre
OKB agency BP 3470 Conakry
(00224) 657 20 85 08 / 664 28 91 96
harmattanguinee@yahoo.fr

L'HARMATTAN MALI
Rue 73, Porte 536, Niamakoro,
Cité Unicef, Bamako
Tél. 00 (223) 20205724 / +(223) 76378082
poudiougopaul@yahoo.fr
pp.harmattan@gmail.com

L'HARMATTAN CAMEROUN
TSINGA/FECAFOOT
BP 11486 Yaoundé
699198028/675441949
harmattancam@yahoo.com

L'HARMATTAN CÔTE D'IVOIRE
Résidence Karl / cité des arts
Abidjan-Cocody 03 BP 1588 Abidjan 03
(00225) 05 77 87 31
etien_nda@yahoo.fr

L'HARMATTAN BURKINA
Penou Achille Some
Ouagadougou
(+226) 70 26 88 27

L'HARMATTAN SÉNÉGAL
10 VDN en face Mermoz, après le pont de Fann
BP 45034 Dakar Fann
33 825 98 58 / 33 860 9858
senharmattan@gmail.com / senlibraire@gmail.com
www.harmattansenegal.com

www.ingramcontent.com/pod-product-compliance
Lightning Source LLC
LaVergne TN
LVHW010945061026
849535LV00007B/2583